영어독서의
Secrets of
Extensive
Reading 비밀

영어독서의 비밀

Secrets of Extensive Reading

신규철 지음

한국문화사

영어 독서가
영어 실력을 향상시킨다

21세기의 무한경쟁 속에서 세계는 각 분야에서 최고의 자리를 차지하기 위해 최선의 노력을 기울이고 있다. 거기에는 영어라는 세계어가 중심을 이루고 있다. 영어는 인터넷 시대를 맞아 대표적인 제1의 세계어로 군림하고 있으며, 세계의 경제·사회·문화·정치·교육·종교·예술 등 모든 분야에서 막강한 영향력을 갖고 있다.

그래서 세계 각국은 영어를 배우고자 하는 열기가 뜨겁다. 하지만 영어 교육 환경은 나라마다 다르다. 미국·영국·호주·캐나다 등 영어를 모국어로 사용하는 국가도 있고, 싱가포르, 필리핀 등과 같이 영어를 공용어로 쓰는 국가도 있다. 이들 국가는 영어를 제2언어로 쓰고 있다. 한편, 우리나라와 일본, 중국 같은 나라는 영어를 외국어로서 배우고 있다. 이렇게 세계의 많은 나라 국민은 각각 다른 환경 속에서 영어를 사용하고 있다. 영어를 배우는 상황과 동기는 달라도 모두가 영어의 필요성을 공감하면서 많은 노력과 시간과 돈을 투자하며, 개인과 국가는 치열하게 경쟁력을 키워가고 있다. 우리의 영어교육도 세계화를 향하여 나아가며, 영어를 통한 무한 경쟁을

히고 있다.

　여기서 우리의 영어교육의 현실을 살펴 보고 문제점과 개선점을 찾아 볼 필요가 있다. 우리나라 영어교육 현장에서는 어릴 때부터 학원에서 원어민과 함께 회화 공부를 하고, 단어도 암기하고 심지어 초등학생이 토익이나 토플의 어려운 책을 들고 다니며 어려운 영어문제를 풀며 공부하기도 한다. 중·고등학생이 되어서는 특목고에 갈 수 있는 점수로 끌어올리기 위한 영어기술을 연마하거나, 좋은 대학에 가기 위해 수능문제를 한 문제라도 더 맞추기 위해 대부분의 영어시간을 다 쓰고 있다. 우리의 현실은 학교에서 영어를 10년 정도 공부해도 제대로 된 영어 의사소통 능력을 기르지 못하는 형편이다. 시험 보는 수단으로 사용되다 보니, 그저 부담스러운 과목의 하나로 보고 있는 경우가 대부분이다. 결국 많은 시간과 노력을 들여 공부한 데 비해, 영어를 유창하게 쓰지 못하는 결과를 가져왔다. 그 이유는 무엇일까? 그 이유는 영어를 배우는 사람들의 학습방법에 있다. 또한, 영어라는 언어가 모국어처럼 습득된다는 기본적인 사실을 모르는데서 그 이유를 찾을 수 있다.

　필자는 우리나라에서 영어교육을 받고, 가르치면서 한국인들이 영어에 자신감을 갖지 못하는 이유를 생각하게 되었고, 그 해결책으로 어떤 것이 있는가를 생각하게 되었다. 그 결과 필자는 영어를 학습 환경에 따라 학습방법이 달라야 효과적으로 언어를 습득할 수 있다는 사실을 알게 되었다. 그래서 우리나라와 같이 외국어로서 영어를 배우는 환경에서 가장 효율적으로 영어를 습득하는 원리와 방법을 연구하게 되었다. 외국어로서 영어를 배우는 우리는 영어를 완전하게 습득할 수 있는 환경에 노출되는 시간이 절대적으로 부족해서 영어를 유창하게 사용하기가 쉽지 않다. 영어를 유창하게 하려면 언어습득을 위한 환경에 노출하는 절대적 시간이 필요하다. 모국어처럼 영어를 습득하려면, 우리말을 배웠던 원리를 생각하면 된다. 그 만큼 영어와의 잦은 만남이 필요하다. 이런 다양한 만남을 체험하게 하는 것이 바로 독서이다. 여기서 필자는 영어 독서가 어떻게 우리의 영어 실력 향상에 도움을 주는지에 대해, 언어학적 이론과 실제의 체험사례를 통해 여러분에게 놀라운 방법을 제시할 것이다.

이 책을 통해 소개하게 될 영어 학습법은 기존의 시험 위주의 잘못된 공부 습관을 지적하고, 다양한 독서를 통한 진정한 의미의 영어 체득방법을 보여 줄 것이다. 그리고 영어 독서가 왜 우리나라 영어 교육의 유일한 대안이 되어야 하는지, 그 이유를 알려 줄 것이다.

아무쪼록 이 책이 우리나라에서 영어를 가르치고 배우는 모든 사람들에게 영어 독서가 영어 실력 향상에 절대적으로 중요한 방법이라는 것을 알리는 계기가 되기를 바라며, 한국형 영어교육의 새로운 모델로 제시되기를 기대해 본다.

차 례

Yes I Can!

02

영어독서에
그 답이 있다!

P / A / R / T

01

영어, 어떻게 정복할 것인가?

01

세계어로서의 영어와
우리의 영어교육

21세기에 접어들면서 세계어로서의 영어는 그 위상과 위력이 가히 가공할 만하다. 특히 인터넷 시대의 영어는 인터넷 언어를 대표하면서 세계어로서의 위치를 확고히 했다. 그래서 우리가 영어를 모르면 세계의 어떠한 정보도 쉽게 얻기 어려울 정도이다.

영어는 세계어로서 몇 가지 특징을 갖고 있다. 첫째, 어휘가 방대하다. 다른 인도 유럽어족의 언어들과 비교해도 압도적으로 다양한 어휘를 갖고 있다. 영어는 순수한 영어와 다른 외래 언어의 유입, 신조어의 탄생 등으로 약 100만 개 이상의 어휘를 갖고 있다고 볼 수 있다. 프랑스어나 독일어의 기본 어휘 수가 20만 개라는 것과 비교하면 그 방대성을 쉽게 이해할 수 있다.

둘째, 영어는 세계 유일 초강대국 미국의 언어이다. 미국이라는 나라가 정치·경제·사회·문화·과학·언어·철학 등에 주는 영향은 실로 대단하다. 그리고 그 전달매체는 바로 영어이기 때문에 세계적으로 영어의 영향에서 벗어나기가 쉽지 않다.

셋째, 영어는 전 세계적으로 고루 분포되어 있는 세계어이다. 다

른 언어에 비해 지역적 분포 면에서 세계성을 갖고 있다. 중국어의 사용인구가 영어보다 많지만, 지역성에서는 세계어로서의 자격을 갖지 못하고 있다.

넷째, 영어는 인터넷의 세계 언어이다. 현대사회의 지식과 정보매체인 인터넷의 거의 모든 정보는 영어로 전달되고 있다. 따라서 세계어로의 영어는 인터넷 상에서 지구상의 많은 사람들에게 정보원으로서의 역할을 하고 있다.

그렇다면 우리는 이러한 언어의 절대 강자, 영어를 배우기 위해 얼마나 열심히 투자하고 있는가? 아니, 얼마나 올바르게 영어를 배우고 있는가? 그리고 영어공부를 하는 궁극적인 목적이 단순히 시험 점수만을 올리는 것인지, 아니면 진정한 의사소통 능력을 기르는 것인지 분명히 구별해야 한다.

우리 주변에는 이런저런 이유로 영어를 멀리하거나, 흥미를 잃고 영어를 부담스러운 과목의 하나로만 생각하는 사람이 많다. 그것은 영어를 교실에서 어렵게 배워야 하는 과목으로 여기는 데 그 원인이 있고, 학생들의 동기를 유발할 정도로 흥미롭지 않다는데서 그 이유를 찾을 수 있다.

크라센(Krashen)과 같은 유명한 언어학자의 말에 의하면, 영어를 모국어처럼 습득되게 하려면 학습자의 학습동기가 부여되도록 흥미로운 내용으로 이해할 수 있는 내용을 지속해서 제공해야 한다고 한다. 다시 말해, 어렵거나 흥미없는 내용은 언어습득에 기여하지 못하고, 지속해서 영어에 노출되는 것이 영어를 온전하게 습득하는 지름길이라고 말하고 있다. 이런 말에서 알 수 있듯이, 우리가 영어를 재미없거나 부담스러운 과목으로 생각했던 것은 학교에서 가르치는 내용이 그다지 흥미롭지 않은 주제이거나, 학생들 각각의 영어 수준에 관계없이 획일적으로 어렵게 영어를 가르쳐 온 것에서 기인한다는 것을 알 수 있다.

그렇다면 우리가 잘못된 영어공부 방법과 수많은 시행착오를 겪고, 지금의 상태에 있다면, 우리는 이제 무엇을 해야 하겠는가? 지금까지의 잘못된 방법에서 탈피하여 영어를 진정으로 우리의 즐거운 친구로 만들고 함께 영원히 갈 수 있는 동반자로 만들어야 하지 않겠는가? 끊임없이 핑계를 대며 영어를 멀리하고, 영어 학습 자세를 올바로 세우지 않는다면, 이제부터 결과는 여러분 자신의 책임으로 돌아 갈 것이다. 왜냐하면 여기서 제시하게 될 자기 주도적 수준별 영어독서법이 그 해법을 알려 줄 수 있기 때문이다.

 글로벌 리더가 되려면, 영어를 정복하라!

 영어학습의 혁신이 필요하다.

02
한글과 영어는
습득원리가 같다

대한민국의 모국어는 한글이다. 세종대왕이 창제한 이 한글은 역사적으로나 언어학적으로도 유례를 찾기 어려울 만큼 과학적으로 만들어진 훌륭한 언어이다. 세계적으로 유명한 언어학자들도 한글의 우수성은 인정하고 있다. 필자가 강의하는 널리 알려진 언어학

개론시에서도 한글의 자음, 모음 체계와 한글의 과학성, 그리고 한글의 역사 등을 별도로 다루고 있다. 우리 대한민국 국민은 그런 면에서 매우 축복받은 민족이다. 그런데 요즘 우리사회에서는 과연 한글을 어떻게 대하는가? 이런 훌륭한 언어를 모국어로 갖고 있는 국민인지조차 의심할 만큼 한글에 대한 대접이 소홀한 것 같다.

한글은 인터넷 시대를 맞이하면서 채팅이나 이메일의 이용으로 편지 대신 간결하고, 또래집단만의 의사소통 목적을 위한 그들만의 언어사용으로 점점 훼손되고 있다. 또한 젊은이들이 즐겨 사용하는 휴대폰의 문자메시지는 다른 세대의 사람들이 이해하기 어려운 표현과 내용이 많다. 우리의 위대한 한글이 무관심 속에서 홀대받는 것 같아서 필자는 안타까운 마음이 든다. 우리의 언어인 한글에 대한 사랑도 여러분은 간직하고 살았으면 좋겠다. 언젠가 우리 한글도 영어처럼 세계어의 대접을 받는 날이 오기를 기대해본다. 앞으로 말하게 될 언어습득의 원리에서도 모국어 습득의 중요성을 강조할 것이다.

어느 미국 일간지에서 이런 기사를 읽은 적이 있다. 한국의 부모들이 자기 자녀의 영어 발음을 부드럽게 만들어주겠다고 혀 수술을 시킨다는 것이다. 참으로 어이없고 기가 막힌

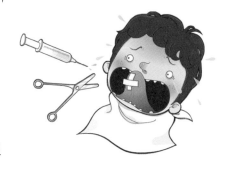

현실이다. 그러나 한편으로는 이해가 가기도 한다. 영어공부가 얼마나 급하고 절실하면 그런 일까지 하겠는가?

필자가 미국 하와이대학교 언어학과 연구교수로 가 있을 때 그런 내용에 대해 질문을 받은 적이 있다. 그 당시 언어학과 학과장이었던 미국 교수는 그런 사실에 대해 어떻게 생각하느냐고 물었다. 나는 그것은 말도 안 되며 근거 없는 생각이라고 단호하게 말해주었다. 그리고 그것은 한국의 일부 부모의 교육에 대한 지나친 열정 때문에 나타난 현상이니, 한국인들을 전체적으로 그렇게 보지 말아달라는 부탁도 하였다. 나는 아직도 외국어로서 영어를 배우는 원리를 고려해볼 때, 혀 수술로는 발음이 좋아지지 않으며, 언어 습득을 통해 발음도 점차 몸에 체득되는 것이라고 믿고 있다.

요즘 우리나라 어린이 중 많은 아이들은 좋으나 싫으나 학원이나 학습지 등을 통해 일찍이 영어공부를 시작한다고 한다. 일부 지나친 부모는 아주 어린 아이들에게도 영어공부를 시키겠다고 극성을 부리는 사람도 많다고 한다. 필자가 볼 때 이들 중 영어공부를 제대로 그리고 성공적으로 하는 사람들이 많지 않을 것 같다. 그 이유는 영어 학습과 습득의 원리를 이해하고 공부하고 가르치는 사람들이 거의 없기 때문이다.

필자는 요즘 조기영어교육에 대하여 많은 질문을 받는다. 그런 질문들의 내용을 요약하면 다음과 같다.

1. 영어교육은 빠를수록 좋은가요?

2. 그렇다면 언제 시작하는 것이 좋은가요?

3. 그럼 영어공부는 도대체 어떻게 하는 것이 효과적인가요?

먼저 1번과 2번에 대해 간략하게 대답하겠다. 영어교육은 무조건 빠를수록 좋은 것이 아니다. 특히 "외국어로서의 영어"(English as a Foreign Language)로서 영어를 배울 때는 모국어와 영어의 관계를 고려해야 한다. 모국어로서 언어구사와 사고가 정립되기 전(2~3세전)에 외국어를 배우면 오히려 언어 간의 혼동과 부정적 간섭화(Interference)현상이 나타날 수 있다. 따라서 너무 어릴 때 영어를 배우거나 가르치는 것은 올바른 일이 아니다.

물론 언어학적으로는 제2언어습득의 결정적 시기(Critical Period)가 있어, 그 시기 안에 언어를 가르치는 것이 좋다는 데는 일반적으로 동의한다. 일반적으로 그 시기는 사춘기 전후(10~13세)를 말하는데, 이 시기 안에 언어를 배우는 것이 언어 습득에 유리하다. 그러나 더욱 중요한 것은 어떻게 영어를 배울 것인가이다. 이것은 어린이나 성인의 영어교육에 있어서도 매우 중요한 것이며, 특히 영어를 외국어로서 배우는 우리나라와 같은 경우에 그 학습법은 모국어로서 영어를 배우는 나라나 제2언어(Second Language)로서 영어를 배우는 나라의 학습법과는 근본적으로 달라야 한다. 그 이유는 외국어로서 영어를 배우는 교육환경은 영어사용시간이나 문화에 대한 노출 정도가 상대적으로 적어서, 영어를 제대로 배우기 어렵기 때문이다. 따라서 교육방법에 대한 획기적인 전환이 필요하다.

우리 주변의 학생들의 모습을 잠시 살펴보자. 지성인이라고 자부하는 대학생들도 가지고 다니는 책을 보면 전공이나 교양에 대한 책은 별로 없고, 토익이나 토플 같은 영어수험서가 눈에 많이 보인다. 대학은 진리와 학문을 연마하는 곳이라는 말이 무색할 정도이다. 언제부터인지 토익이나 토플 점수가 취업이나 진학에 필수적인

요소가 되었다. 그래서 학생들의 마음속에 전공이나 교양지식보다는 현실적인 영어공부를 우선하고 있는지도 모른다. 그러나 진정으로 영어실력을 증대시키는데는 처음부터 토익이나 토플 책으로 공부하는 것이 도움이 되지 않는다는 것을 알아야 한다. 토플이나 토익 책으로 공부하는 것은 일시적으로 점수를 따거나 문제 푸는 요령에 일시적으로 도움을 주지만, 특히 영어 실력이 우수하지 않은 학습자들에게는 오히려 영어 실력을 해치는 결과를 가져올 수 있다. 이것은 특히, 어린 학생들이나 영어수준이 높지 않은 학생들이 더욱 주의해야 할 부분이다.

 한글처럼 영어를 배워야 한다.

 영어발음도 자연적으로 습득된다.

 토익이나 토플로 영어를 시작하지 마라!

03

영어습득의
기본원리

    미국에 있는 세계 최고의 명문대학교인 MIT (Massachusetts Institute of Technology)의 언어학자 촘스키(Chomsky)는 인간 언어의 보편성과 선천성을 강조하고 있다. 그는 인간이면 누구나 언어를 구사할 수 있는 언어 습득 장치(LAD/ Language Acquisition Device)를 갖고 태어난다고 한다. 그리고 아이들은 각 나라 언어의 단어와 문법과 같은 환경적인 자극을 받으면, 시간이 흐르면서 자연스럽게 모국어를 습득하게 된다. 필자도 이 말에 공감한다. 이것은 영어를 공부하는 우리에게 희망과 자신감을 주는 말이다. 그의 말에 따르면 언어는 창조되고 만들어지는 것이라고 한다. 어느 정도의 언어습득이 이루어지면 인간 스스로 한 단계 높은 언어체계를 만들어 낼 수 있다는 말이다. 정말 공감이 가는 말이다.

    이 마법과 같은 일이 외국어를 배울 때도 일어난다면 얼마나 좋을까. 두뇌과학자들은 이러한 일이 불가능한 것이 아님을 말해주고 있다. 과학자들에 따르면, "뇌는 고정 불변한 기관이 아니라, 어떻게 쓰느냐에 따라 무한히 변화할 수 있는 가능성을 내포하고 있다."라고 한다. 이는 두뇌가 언어를 습득하는 과정에 입각하여 환경적인 자극을 준다면, 영어를 습득하는 것은 지금보다 어렵지 않은 일임을 말해주기도 한다.

그러므로 인간의 언어가 보편적으로 습득될 수 있듯이, 영어와 모국어인 한국어의 습득원리는 같다. 그러므로 두뇌가 한국어를 어떻게 습득했는지 살펴보면, 어떻게 영어를 학습해야 하는가에 대한 힌트를 얻을 수 있다.

태아는 자궁 속에서 5개월이 되면 음소를 구분할 수 있고, 음성을 듣기 시작하고, 출생 후 6개월이 되면 음소 인식을 시작으로, 점차 단어를 인식하게 된다. 그리고 12개월에는 단어의 의미를 이해하고, 24개월이 되면 문법기능을 이해하기 시작하며, 30~36개월이

되면 언어 중추가 좌뇌로 이동함으로써 언어능력이 확립된다. 이것이 바로 두뇌가 언어를 습득하는 변하지 않는 법칙이다.

한편, 우리는 어릴 때 별도로 문법을 배운 적이 없다. 따라서 문법 용어를 알 필요도 없고 문법 문제를 풀어 가면서 한국어 실력을 평가한 적도 없다. 글을 읽어가며 내용을 즐기고 그 가운데 단어나 문자의 쓰임을 자기도 모르게 익히게 되었다. 내용을 즐기며 재미있는 내용에 빠져들면서 유익한 표현이나 단어들이 하나씩 자신의 것이 되어왔다.

영어의 습득 원리도 마찬가지이다. 처음에는 많이 들어야 한다. 듣기를 바탕으로 말하고, 읽고, 쓰는 과정이 자연스럽게 연결되어야 한다. 문법을 먼저 배우고 그 틀에 내용을 끼워 맞추는 방법은 모국어 습득 방법과 정반대이다. 그렇다면 영어도 한국어와 같은 방법으로 접근하는 것이 궁극적으로 언어 습득의 원리에 맞는다. 실제로 외국에서는 두뇌의 언어 학습 원리에 따라 환경적 자극을 줄 수 있도록 프로그램*을 설계하여 이민자들이나 유학생들이 학습하도록 공교육에서 활용하고 있기도 하다.

그러나 여기서 명심해야 할 것이 있다. 영어 습득 환경의 차이를 인정하는 것이다. 그것은 바로 우리의 영어교육 환경을 모국어의 습득환경으로 만들어 보는 것이다. 그렇다면 모국어와 같은 언어 습득 환경이란 무엇을 의미하는가? 우리가 모국어인 한국어를 배울 때를 생각해보자. 우리가 접하는 문화나 환경이 한국어에 관한 내용이므로, 한국어의 내용을 항상 접하면서 한국어로 생각하고 한국어를 말하고 사용하게 된다. 바로 이것이 모국어의 습득 환경이다.

그렇다면 영어는 어떻게 할 것인가? 우리는 영어를 모국어나 제2언어(Second Language)로서 배우는 것이 아니기 때문에 영어를 습득하기가 몹시 어렵다. 아니, 좀 더 심하게 말하면 거의 불가능하다.

그렇다면 그 차이는 무엇인가? 그것은 바로 영어라는 언어에 우리가 얼마나 오랫동안 노출되어 있느냐의 문제이다. 모국어로서의 영어는 말할 것도 없지만, 제2언어로서의 영어를 배우는 언어교육 환경도 영어를 습득하기에는 매우 유리하다. 왜냐하면 영어가 공용어(Official Language)로서 사회에서 통용되고, 항상 영어로 사고하고 그 사회에서 영어를 쓰기 때문에, 영어를 몸으로 체득하고 자동적으로 구사할 수 있는 '유창함'이 가능하기 때문이다.

이제는 우리의 영어교육 환경을 한번 살펴보자!

우리는 영어를 외국어로서 배운다. 따라서 영어를 교실에서 배우고 나면 그 밖의 언어 환경은 모두가 한국어 문화이다. 우리가 접하는 문화나 언어가 모두 한국어로 되어 있어서 우리는 영어를 배우는 시간을 제외하고는 한국어로 사고하고 한국어를 사용한다. 그래서 영어를 배운것 조차 우리 몸에 유지되거나 체득되지 못하고, 우리 몸 밖으로 빠져나간다. 이것을 막는 방법이 바로 외국어로서의 영어를 제대로 배우는 방법이 된다.

　우리의 몸에 영어를 오랫동안 담아두고 결국 그것이 우리 몸에 녹아 우리의 것이 되는 것을 영어가 "습득(Acquisition)" 또는 "체득"된다고 한다. 이것은 영어가 자동적으로 밖으로 표현되고 유창하게 구사되는 것을 말한다.

　영어를 오랫동안 접하고 그것을 유지하는 방법은 과연 무엇인가? 그것은 영어라는 언어와 문화를 포함하고 있는 내용에 오랫동안 빠져들어 그 속에서 생각하고 창조적으로 언어를 만들어내는 데 그 열쇠가 있는 것이다.

 영어는 누구나 잘할 수 있는 능력이 있다.

 영어도 우리말처럼 체득된다.

04

영어를 못하는
진짜 이유

우리가 영어에 그토록 많은 시간과 노력을 투자하면서 만족스러운 결과를 얻지 못하는 이유가 무엇인지 알 필요가 있다.

우리가 영어 환경에 노출되기 위해서 우리 모두가 영어를 사용하는 미국이나 영국 같은 나라에서 공부할 수는 없다. 물론 다 그럴 수 있다면 좋겠지만 그것은 불가능하다. 물론 모두가 그럴 필요는 없다. 우리의 능력이나 환경은 개인마다 다 다르기 때문에 외국에 나갈 수 없는 우리가 영어를 정말 잘 배울 수 있는 방법을 찾아야 한다.

필자에게 영어를 배우던 K라는 대학생이 영어 공부하는 방법에 대해 이런 질문을 한 적이 있다. "교수님, 제가 요즈음 영어회화를 배우려고 학원에 다니고 있는데, 다닌 지 벌써 6개월이 되었지만 별로 나아진 게 없어요. 제가 영어에 소질이 없는 것 같아요. 이젠 처음보다 재미도 없고 학원가기도 부담스러워지는 것 같아요. 뭐 좋은 방법이 없나요?" 필자는 이런 말을 주변에서 참 많이 듣고 있다. 참으로 안타깝지만 한편으로는 이게 현실이라는 생각이 든다.

대부분의 경우 이런 학생들은 영어회화를 배운다고 회화교재 하나 들고 매일 학원을 오가며 주어진 시간, 보통은 하루에 50분씩 3일 내지, 많게는 5일 수업을 듣는 경우이다. 회화 선생님은 초급에서는 한국인인 경우도 있지만, 대부분의 경우 외국인(원어민) 선생님들이다. 대개 영어회화를 못하는 이유는 학생들이 회화시간 이외의 시간에 영어를 사용하거나 영어를 위해 시간을 투자하지 않는데 있다. 즉 영어를 습득하려면 위해서는 지속해서 영어라는 대상에 오랫동안 빠져 있어야 하는데 정해진 회화시간만으로는 영어습득이 이루어지기에 참으로 부족하다.

또 하나는 수업시간에 배우는 내용이 대부분 정해진 회회 내용을 상황별로 설정하여, 정해진 회화패턴을 익히는 데 있다. 그러나 잘 생각해 보자! 우리가 실생활에서 회화 교재에 나오는 표현을 그 상황에 정확히 맞게 구사할 수 있는 기회가 몇 번이나 오는가! 상황은 항상 변하고 있는데 그때마다 배운 내용을 생각해내어 말을 한다는 것이 과연 가능하단 말인가? 그리고 특정한 상황에 맞는 표현이 교재에 있는 표현뿐이겠는가? 그렇다면 어떤 환경에서도 자기 생각을 그 상황에 맞게 '창조적(Creative)'으로 표현할 수 있는 교육 방법이 정말 절실한 게 아닌가!

우리가 영어를 못하는 또 다른 이유는 '완벽주의자(Perfectionist)'가 많은 데 있다. 우리나라의 대다수 학습자는 문장을 읽을 때 모르는 단어가 나오면 찜찜해하거나, 문장을 읽을 때 완벽한 번역이 안 되면 제대로 영어공부가 안 되고 있는 듯한 착각에 사로 잡힌다. 이런 유형의 독자들은 대개 문장을 분석하기를 좋아한다. "주어가 무엇이고, 동사가 무엇이고, 목적어는 무엇이고……" 하는 식으로 자기도 모르게 문장 형식을 철저하게 분석하는 습관이 생긴 사람들이다.

이렇게 글을 읽다보면 자연적으로 글의 흐름을 놓치게 되고, 읽는 속도는 점점 느려지고 이야기 전개를 이해할 수 없게 된다. 이것은 한국인 영어학습자들의 고질적인 병이다. 영어를 읽을 때 완벽주의자는 필요 없다. 내용의 흐름을 즐기며 빠른 속도로 읽어갈 때 우리의 두뇌는 빠르게 반응을 한다는 신경언어학자들의 보고도 있다. 실제로 빨리 읽을 때 이해력이 좋아진다는 연구 결과도 있다.

이렇게 보면 성격이 둥글둥글하고 무난한 외향적 성격소유자가 영어를 읽는 데는 도움이 된다고 할 수 있다. 완벽주의자나 지나친 결벽증환자는 모르는 단어를 붙잡고 씨름을 하거나 사전이나 문법에 의존해 완벽한 해석이나 번역을 시도할 것이다. 그러면서 영어읽기가 즐거움의 대상이 되지 못하고 좌절의 경험만을 느꼈던 것이다.

따라서 우리는 영어를 어떻게 재미있게 빠르게 읽을 수 있는지에 대해 관심을 가져야 한다.

 영어회화 공식암기만 하면 안 된다.
 완벽주의자는 영어를 못한다.

05
영어는
공부가 아니다

앞에서 말했듯이 우리나라의 교육현실을 다시 한번 살펴보자.

대부분의 학생은 교과서의 짧은 지문을 문법 지식에 의하여 정확하게 맞춰 해석하거나, 해석 과정에서 모르는 단어가 나오면 그때마다 사전을 찾아보았다. 이러한 과정에서 학습자의 태도를 보면, 영어에 대한 흥미나 동기를 갖고 자발적으로 읽기를 하는 것이 아니라, 시험이나 과제 때문에 강제적이고 수동적으로 이루어지는 경우가 대부분이다. 교과서에서 제시하고 있는 읽기 내용도 학생들 개인의 관심 분야나 개인차를 고려하지 않고 획일적인 주제에 의존하고 있다.

이러한 상황에서는 학생들이 영어 학습을 꺼려하거나 흥미를 잃기 쉽다. 또한 과제물 이외에는 어떤 것도 읽지 않는 수동적이고 학습 동기가 결여된 양상을 보인다.

한편, 영어 교육의 목표와 방법이 입시제도와 시험에 따라 달라지는 현실을 무시할 수가 없다. 그러므로 교과과정의 목표도 필요한 점수를 올리거나 필요한 시험에서 합격하는 것이 모든 영어 교육의 목표라 해도 과언이 아니었다.

영어 교육의 이러한 현실은 형식적으로 틀에 박힌 의례적 행위로써 교실에 와서 교과서를 읽고 연습 문제를 풀고 교실을 떠나 실제 생활로 돌아오는 식의 무의미한 학습과정의 반복이었다. 영어 학습의 목표, 또한 교사의 강의가 중심이 되는 교사 중심의 영어 지도였기 때문에 학습자 중심의 즐겁고 만족스러운 영어 교육은 거의 기대할 수 없었다. 이러한 교육현실은 영어교육의 근본목표인 의사소통 능력을 기르는 것을 외면하였다. 오히려 '시험'이라는 목표에 따라 점수만 올리려고 하는 학생들을 만들어 내었다.

이제 우리는 영어공부의 목적과 올바른 방향을 생각해 보자.

흔히 우리는 영어를 10년 이상 배워왔는데, 영어를 잘 쓰지도, 듣지도, 말하지도 못한다고 한다. 보통 한국인들이 영어공부를 해왔던 10년 이상의 세월은 초등학교 3년(4·5·6학년), 중학교 3년, 고등학교 3년, 대학교 4년을 이야기하는 것 같다. 그 10년이란 기간이 우리에게 어떤 의미가 있는 것일까?

　필자는 한국인들이 영어 공부해왔던 기간은 진정한 의미에서 올바른 영어교육 기간이 아니었다고 감히 단언한다. 학교에서 영어공부를 해왔던 기간을 돌이켜 보자면, 정해진 교과서로 1주일에 4~5시간씩 교사가 중심이 되어 가르치던 기간이었던 것 같다. 배운 내용도 문법이나 어휘 그리고 이것을 활용한 문장해석 내지는 문법에 맞는 기계적인 번역이 수업의 중심에 있었다. 지금은 많이 바뀌었다고는 하지만, 실제 교육 현장에서는 아직도 많은 영어교사들이 전과 크게 다르지 않은 방법으로 가르치는 것으로 알고 있다. 그리고 평가는 시험을 통해 문장을 해독하는 능력이나 개별적인 문법이나 이휘실력을 평가하는 것이있다. 따라서 이 기간의 영어교육의 목표는 시험을 잘 보는 것이었는지도 모른다. 그러니 시험만 끝나면 배웠던 내용을 쉽게 잊어버렸던 것이다. 내용이나 주제가 학생들에게 흥미가 있었던 것도 아니고, 가르치는 교사는 준비된 강의를 하였기에, 어려운 내용이더라도 학생들의 흥미나 관심에 관계없이 시험을 위해 일방적인 강의만을 했던 것이다.

여기서 우리의 영어교육의 목표가 무엇인지 스스로에게 물어보아야 한다.

영어교육의 목표가 시험만 끝나면 잊어버리는 소모적인 것이었는가? 진정으로 그것은 아니었을 것이다. 10년이 지난 지금 우리는 뼈저리게 잘못된 우리의 영어교육을 통감하고 있다. 지금 우리에게 필요한 것은 정말로 사용할 수 있는 영어 능력이다. 언제나 자유로이 구사할 수 있는 영어 구사 능력이다. 영어를 누구보다도 잘 읽고 이해하고 싶고, 자기 생각을 논리적으로 잘 표현하고 싶고, 미국인과 같은 원어민이 말하는 내용을 쉽게 이해하며 자기가 말하고 싶은 것을 자유롭게 말하고 싶다.

우리나라 영어교육은 어떤가! 대부분의 한국인들에게 영어교육이 과연 존재했는지 묻고 싶은 부분이다. 필자도 대학에 있으며 많이 반성하고 있지만, 이 기간 동안 진정한 영어교육이 과연 존재했는지에 대해 스스로에게 물으며 많은 책임감을 느낀다. 대부분의 대학은 대학 1~2년 동안 교양영어나 대학영어라는 이름으로 필수과목을 운영하고 있지만 주당 2~3시간의 수업시간으로는 영어습득을 기대하기 어렵다. 그나마 영어전공자가 아닌 경우는 그 이후에 영어시간을 접하기가 쉽지 않다. 영어습득이라는 영어교육의 목표를 달성하기 위해서는 턱없이 부족한 것이 사실이다. 어차피 대학교에서 그 이상의 수업시간을 할애할 수 없다면 이 시간

을 활용한 올바른 영어교육을 찾아서 그 해결책을 찾아야 하지 않겠는가!

아이들의 영어교육 경우는 더욱 중요하다. 어릴 때 영어를 학습하는 방법이 그 아이의 영어실력을 평생 좌우할 수 있기 때문이다.

 교과서만으로는 영어가 부족하다.

 시험준비를 위한 영어를 버려라!

 의사소통을 목표로 시작하라!

06

영어학습의
15가지 노하우

1. 쉽고 재미있는 주제만 보라!

영어공부는 재미있어야 한다. 재미가 없으면 그것은 공부가 아니라 힘든 노동과 같다. 힘든 노동이 많은 결실을 얻을 수 없듯이 영어공부가 재미가 없으면 오랫동안 지속할 수 없으며 좋은 결실을 기대하기도 어렵다.

재미있는 공부란 무엇인가? 그것은 학습자가 관심 있는 내용에 접하며, 그 내용을 읽는 것이다. 외국어로서 영어를 배우는 우리에게 가장 쉽게 접할 수 있는 부분은 영어읽기(reading)이며 그 가운데서 우리는 많은 영어문화와 언어적 경험을 가질 수 있다. 재미있는 주제가 담긴 내용을 읽으면서 그 읽기 내용에 몰입할 수 있고 문화적인 간접 경험을 체험할 수 있다. 그렇다면 재

쉬운 게 최고야!

미있는 읽기자료로서 영어 학습에 도움을 줄 수 있는 것은 무엇인가? 필자는 단계별 읽기자료(Graded Readers)를 추천하고 싶다. 그 이유는 단계별 읽기자료에는 매우 다양하고 재미있는 내용을 선별하여 읽을 수 있기 때문이다. 단계별 읽기 자료 중에 대표적인 것은 Oxford Bookworm Series와 Penguin Readers Series 등이 있다. 그 밖에 Heinemann Guided Readers와 Cambridge English Readers 등도 추천할만하다. 이들 책들은 대개 단어수가 200~3,000개 정도로 구성되어 있다.

물론 단계별 읽기자료의 아래 단계는 어린이용이 많다. 그러나 언어 습득을 위해서는 쉬운 영어가 훨씬 도움이 되므로 내용이 어린이용이라는 것은 문제가 되지 않는다고 본다. 오히려 어린 시절 동화를 읽듯이 그 작품에 빠져 본다면 오히려 그 작품 속에 녹아있는 내용을 재미있게 즐길 수 있다.

만약 단계별 읽기자료가 아니라 단행본으로 구매할 경우, Lexile과 GRL(Guided Reading Levels)을 참고하자. Lexile과 GRL은 미국에서는 아이들에게 보다 효과적인 읽기 교육을 하기 위해 각각의 원서들이 어느 정도 수준인지 알려주는 대표적인 기준으로, 학생의 독서 능력과 독서 난이도를 일치시키기 위해 고안된 것이다. 만약 단계별 읽기자료로 동화책을 구매하지 않을 경우, 유용한 기준이 될 수 있다.

Lexile Score는 100단위로 0에서 2,000까지의 범위를 가지고 있으며, 0은 매우 쉬운 수준을, 2,000은 대학원 수준을 의미한다. 현재

미국 국·공립학교의 교과서도 이 기준을 근거로 제작되고 있으며, 도서목록은 해당 인터넷 사이트를 통해 볼 수 있다.

반면, GRL(Guided Reading Levels)은 초등학교에서 널리 활용되고 있는 읽는 수준 잣대로, 미국에서 쏟아져 나오는 어린이, 청소년용 도서들을 어휘, 문장, 형태 등 기준에 따라 어느 학년 수준에 맞는지 책 종류별로 알파벳 순서로 표기하여 교사와 학부모들이 도서를 선택할 때 참고하도록 하였다. 알파벳 순서가 앞으로 올수록 저학년에 맞는 쉬운 책이고, 뒤로 갈수록 고학년용인 어려운 책이다.

2. 사전을 멀리 하라!

자, 그럼 단계별 읽기자료를 어떻게 읽는 것이 효과적인지 생각해 보자. 단계별 자료들은 대부분 유명한 작품이나 영화 등을 단어 수준에 맞추어 쓴 '언어 학습자 문학'(Language Learner Literature)이다. 그러므로 자기가 좋아하는 내용을 골라 자기 수준에 맞추어 읽을 수 있는 것이 큰 장점이다.

이 단계별 자료들은 자기 수준에 맞추어 읽을 수 있으므로 쉬운 내용을 먼저 읽을 수 있고 조금씩 단계를 올려갈 수 있는 것이 장점이다. 따라서 이런 책들은 사전을 가급적 찾지 않고 읽을 수 있다. 또한 빨리 읽을 수 있는 작품들이다. 사전을 찾지 않고 읽을 수 있다면, 우리는 단어에 대한 부담 없이 그 내용에 빠져들며 읽을 수 있다. 그러므로 내용 중심으로 읽을 수 있고, 내용이 끊어지지 않은 채 읽을 수 있다. 바로 이 부분은 우리의 두뇌작용을 지속적으로 움직이게 하고 사고를 비판적이고 창의적으로 만들어 주므로 우리의 기억작용과 언어습득 작용에 크게 기여한다. 또한 신경언어학자들에 따르면, 빨리 읽는다는 것(Speed Reading)은 읽는 독자들의 내용이해를 빨리 촉진시켜 준다고 한다.

여기서 사전 없이 읽는데 모르는 단어가 1페이지 당 3~4개 이하일 경우를 말한다. 그럼 오늘부터 사전과 결별을 선언해 보는 것이 어떨까? 더 나은 영어 실력을 위하여!

한 가지 더 말해 준다면, 사전에 나온 설명은 그 단어가 생생하게 그 단어의 온전한 문장상의 '의미'가 아니라 단어에 대한 단순한 '번역'에 불과하다. 다시 말해,서 사전에서 말하는 단어 설명은 결코 제대로 이해하는 것이 아니다. 단순히 대표적인 말의 뜻을 옮겨 놓은 것일 뿐 그 이상은 아니다. 왜냐하면 독자 스스로 체험하여 습득한 것이 아니기 때문이다. 이것은 마치 자동차를 처음 운전하는 사람이 주변 사람들의 말만 듣고 자동차를 운전할 때의 느낌을 상상하는 것과 직접 운전하면서 자동차가 움직일 때마다 느끼는 절묘한 감정을 즐기는 것의 차이와 같다고 할 수 있다.

아직도 사전을 버릴 용기가 없는 독자들이 있다면 이렇게 말해 주고 싶다. 그 동안의 여러분의 영어공부에 사전이 정말로 좋은 역할을 했는지 생각해보라! 정말 여러분의 영어공부에 사전이 도움이 되었을까? 어떻게 보면 사전에서 어려운 단어나 문법적 지식을 찾아 정확하게 문장을 분석했을 때 그 순간은 많은 기쁨을 누렸을 것이다. 그러나 그것은 진정한 문장의 이해가 아니다. 문장을 이해한다는 것은 스쳐지나가는 순간, 우리의 두뇌에서 바로 이해하는 것을 말하는 것이다. 문장을 읽고 나서 한참 후에 연구하고 분석하고 알게 된다면 그것은 글의 이해가 아니라 분석과정인 것이다. 글의 이해에는 사고 훈련이 필요하다. 그리고 올바른 이해를 위해서는 글의 리듬을 느껴야 한다. 중간 중간 끊어지는 글의 이해 과정은 참다운 이해과정이 아니다.

3. 빠른 속도로 읽어라!

영어로 책을 읽는 목적은 '영어공부(Study)'나 '연구(Research)'가 아니다. 책의 내용이나 정보(Information)를 얻기 위해서이다. 그러려면 적절한 빠르기로 읽을 필요가 있다. 적절한 빠르기로 읽으려면 책의 내용이 재미있고 쉬워야 한다. 필자가 단계별 읽기자료(Graded Readers)를 통한 읽기를 추천하는 이유는 그 자료들이 학습자의 수준에 맞는 단계로 구성되어 있어서 내용이 재미있고, 학습자들이 어렵지 않게 읽을 수 있기 때문이다.

빠른 속도로 내용을 이해할 수 있는 사람을 '유창한 독자'(Fluent Readers)라고 한다. 유창한 독자는 읽기 속도를 자유롭게 조절하며 읽을 수 있는 사람이다. 내용이 다소 어려운 부분에서는 속도를 늦추고, 평탄한 부분에서는 속도를 낸다. 이런 읽기 과정 속에서 속도를 무의식적이고, 자연스럽게 조절할 수 있는 사람이 바로 유창한 독자인 것이다.

지금까지 우리의 학교 수업이나 대부분의 읽기수업을 보면, 읽기 속도가 대개 고정되어 있었다. 그 이유는 학교수업의 경우 1주일에 겨우 몇 페이지 분량을 학습목표로 설정하다 보니 빠른 속도로 읽는 필요를 느끼지 못하였고, 느린 속도로 내

용을 분석히는 습관을 갖게 되었다. 느린 속도로 글을 읽으면 아무리 재미있는 책도 곧 싫증이 나며 흥미를 잃기 쉽다. 게다가 천천히 읽으면 내용 파악에 도움이 될 것 같지만 오히려 내용 파악이 어렵다. 따라서 이제 우리 영어교육 읽기목표는 우리말 번역이나 해석이 아닌 유창한 독자가 되는 것으로 새롭게 만들어져야 된다.

미국에서 읽기를 지도하는 데 사용하는 척도 중 한 가지가 WCPM (Words Correct Per Minute) 이다(WCPM : 총 읽은 단어 수 - 틀린 어/걸린 시간 (분)).

이것은 평균 1분 동안 올바르게 읽은 단어 수를 측정하는 것이다. WCPM을 이용하면 학생이 어느 정도로 빠르고 유창하게 글을 읽는지 측정할 수 있으며, WCPM을 점점 높이도록 동기부여를 하면서 유창하게 책 읽는 훈련을 시킬 수 있어 효과적이다.

미국에서 읽기 유창성의 척도로 사용되는 WCPM words Correct Per Minute
(WCPM=1분간 유창하게 읽은 단어 수 - 틀린 단어 수)

미국 초등학교 읽기 평가 표준(WCPM)			
학년	시기		
	학년초	중간	기말
1학년		23	53
2학년	51	72	89
3학년	71	92	107
4학년	94	112	123
5학년	110	127	139
6학년	127	140	150

중앙일보 2007. 7. 17

4. 문법에 집착하지 마라!

우리가 영어공부를 하면서 가장 고민하는 부분은 과연 문법은 영어공부를 하는 과정에서 절대적으로 필요한지, 아닌지에 대한 것이다. 필자는 영어 문법에 대해 이렇게 말하고 싶다. 영어 문법은 필요한 존재이긴 하지만 우선적으로 해야 할 부분은 아니라고. 흔히들 언어학자나 영어교육학자들이 말하는 이야기 중의 하나는 영어 습득을 위해 언어 '형태'(form)나 '의미'(meaning) 중에서 어느 것이 더 우선하는지에 대한 것이다. 21세기에 들어와서 영어교육의 주류는 '의미' 중심으로 변하고 있다. 그 이유는 '의미' 중심으로 접근하는 것이 '사고력'과 작용하여 인간의 언어 능력을 키워주고, 영어의 '유창성'(fluency)을 도와주기 때문이다.

그런데 학교에서 문법을 강조하며 가르치고 있는 이유는 무엇일

까? 그 이유는 단순하다. 첫째, 선생님이 문법을 먼저 공부하여 학생들보다 많이 알기 때문이며, 둘째, 시험에 대한 평가가 쉽기 때문이며, 셋째, 정확한 해석을 하기 위해서이다. 영어 독자들이 영어시험을 위해 존재하는 경우에는 위의 목적이 맞는 것이 될 수 있다. 그러나 우리가 영어를 습득하려는 진정한 목적은 시험이 아니라 영어를 통한 정보 획득과 이를 바탕으로 한 영어의 활용 능력인 것이다. 이것이 달성되면 시험은 자연히 잘 볼 수 있게 되는 것이다.

우리 학교 현장을 잠시 생각해 보자. 지금도 영어 시간에는 대개 기본적으로 우리 귀에 익숙한 문법용어로 출발하고 대다수의 시간을 그 용어 설명에 할애한다. "부정사·동명사·분사·가정법·수동태·도치 구문" 이러한 문법 설명이 마치 영어 공부의 전부인 것 같다. 더욱 문제가 되는 것은, 대부분의 교사는 그나마 문법을 문법 용어 해설에 초점을 두고 있는 것 같아 안타깝다. '분사 구문', '부정사의 명사적 용법', '가정법 과거완료', '동명사의 의미상의 주어', '수동태의 문장전환', '관사의 용법' 이런 것들이다. 듣기만 해도 부담스럽다. 그런 용어 설명이 학생들의 영어실력에 얼마나 기여하는지 궁금하다. 아니, 기여 하는 게 아니라 학생들에게 방해만 줄 따름이다. 이것이 영어시간인지 국어 시간인지 도무지 알 수가 없다.

문법은 언어의 형태(form)를 학습(Study)하는 것이다. 언어의 형태를 중점적으로 공부하면 분석적이고 정확하게 문장을 접근할 수는 있다. 그러나 그것을 우선적으로 공부할 경우, 내용이나 학습자의 사고력에 부정적인 영향을 준다. 필자가 반복적으로 언급하고 있듯이, 언어의 유창성은 학습자의 사고력을 토대로 창의적인 언어 능력이 생길 때 나타난다는 것이다. 이것이 바로 언어 습득의 논리이기도 하다. 따라서 단계별 읽기자료를 통한 영어 학습은 내용이 학습자의 언어 수준에 맞는 읽기가 이루어지므로 처음에는 내용(Content) 중심으로 읽는 것이 중요하다. 문법적인 요소, 특히 문법 용어에 대한 생각은 철저히 던져 버려라. 과감하게! 용기 있게!

특히 우리나라 영어교육의 병폐에 대해 생각해 보면, 필자는 그것이 종래의 일본식 영어 교육의 영향 때문이 아닌가 생각하게 된다.

정리해 보면, 문법은 영어 교육에 있어서 절대로 우선순위에 있어서 제1의 위치에 있어서는 안 되는 대상이라는 것이다. 명심해 보자! 우리는 **문법**을 분석하고 따지는 '연구'가 영어 공부의 목적이 아니라는 것을! 우리에게 필요한 것은 영어라는 언어를 능동적으로 구사할 수 있는 능력인 것이다. 단계별 읽기의 원칙은 문법을 멀리 하라는 것이다. 그러면 어느 날 문법이 온전한 형태로 여러분 옆에 와 있는 것을 발견하게 될 것이다.

5. 내용을 연상하며 단어를 읽어라!

영어공부에 있어서 어휘력은 영어 실력의 관건이다. 단계별 읽기는 수준별로 다독하는 데 그 의미가 있다. 다독을 하는 가운데 많은 단어들을 접하게 되는데, 이런 단어들은 우리 눈에 시각적으로 스치며 지나가게 된다. 그리고 읽기를 하는 동안 반복적으로 우리의 머릿속을 자극하며 지나간다. 이런 단어들이 수많은 반복을 하는 동안 자신의 머릿속에 내재화되어 가는 것이다. 이렇게 습득된 단어들이 바로 우리가 유창하게 자동적으로 구사할 수 있는 단어들이다. 영어 단어는 바로 이렇게 우리의 머릿속에 시각적으로 반복된 단어들이 하나씩, 하나씩 인지되는 것이다.

단계별 읽기를 통해 단어를 익히면, 재미있는 내용이나 상황과 같이 연상이 되기 때문에 기억에 더욱 오래 남는다. 그러므로 이러한 단어 학습법은 단어를 하나씩 암기하는 것보다 권할 만하다.

이렇게 눈으로 스쳐지나가는 어휘를 '시각적 어휘'(Sight Vocabulary)라고 한다. 이 시각적 어휘들은 읽는 순간 머릿속을 스쳐지나가며,

반복적인 단어가 나올 때마다 점차 머릿속에 이해가 되는데, 이런 이해된 어휘들을 우리는 비로소 활용할 수 있는 것이다. 다시 말해서, 읽으면서 문맥 속에서 어렴풋이 이해할 수 있는 어휘를 '이해어휘'라고 할 수 있고, 몸에 체득이 되어 이를 자유자재로 쓸 수 있는 어휘를 '활용어휘'라고 할 수 있다.

예를 들어, 우리나라 제7차 교육과정의 목표인 1,200단어를 '이해어휘'로 정의하면 좋을 것 같다. 이 중 '활용어휘'를 500개 정도로 한다면 이상적이다. 당장 쉬운 것은 아니겠지만, 단계별 읽기자료를 통한 다독은 이것을 충분히 가능하게 할 수 있다. 언어학자 크라센(Krashen)의 이론을 빌리자면, 그러기 위해서는 중학교 3년간 50만 단어를 '이해어휘'로 경험해야 한다는 것이다.

고등학교 학생들의 목표는 '이해어휘' 3,000단어, '활용어휘' 1,000단어 정도이다. 그러려면 100만 단어 정도의 시각적 어휘가 필요하다. 이 정도라면 영어를 모국어로 하는 나라의 고등학교 수준의 글은 읽을 수 있다.

대학생의 경우는 이해어휘 5,000단어, 활용어휘 2,000단어 정도라면 충분하다. 이 목표는 시각적 어휘 200만 개 정도를 경험하는 것으로 높은 수준의 전문서적도 읽을 수 있다. 물론 전공서적이나 학술서적 등은 사전을 참조할 수 있지만 어려운 글의 읽기는 다독의 본래의 목적과는 다르므로 사전의 힘을 빌릴 수 있는 것이다.

그런 식으로 하면 '타임지'나 전문 학술지를 읽는데도 손색이 없

나. 아울러 인터넷이나 방송 등의 관련 자료를 꾸준히 읽는다면 단어 공부에 그 이상의 노력을 기울일 필요가 없다.

6. 큰 단위로 생각하며 읽어라!

영어가 유창하다는 것은 무엇인가? 여러분이 '원어민'(Native Speaker)을 만나 이야기하거나 그들의 말을 들을 때 잘 이해가 안 된다면 그것은 영어를 하나의 '덩어리'(chunk)로 말하거나 들을 수 없기 때문이다. 영어를 읽거나 쓸 때도 마찬가지이다. 따라서 점진적으로 글이나 말의 단위를 크게 만들어보는 것이 중요하다. 그러므로 그 단위가 '문장'으로 발전할 수 있다면 1차적으로 성공한 것으로 볼 수 있다.

필자가 생각해볼 때, 한국인들이 공부한 양에 비해 영어가 유창하지 못한 것은 평소에 큰 단위로 생각하며 읽는 습관과 연습이 부족하기 때문이라고 본다.

단계별 읽기자료를 통해 학습할 경우, 빠르게 읽는 가운데에도 영어 표현을 큰 단위로 읽어보려는 노력이 필요하다. 그렇지만 단계별 읽기자료를 통한 다독은 내용이 많이 알려진 내용이나 재미있는 내용으로 구성되어 있으므로, 그 내용에 몰입하는 동안 문맥과 상황을 고려하게 되므로 글의 앞뒤 상황을 영어식으로 사고하는 장점이 있다. 그러므로 큰 단위 사고 학습이 가능하다.

큰 단위 사고 훈련을 위하여 여러분은 영어 문장을 보면 순간 우리

가능하면 한꺼번에 큰 단위로 읽어보자!

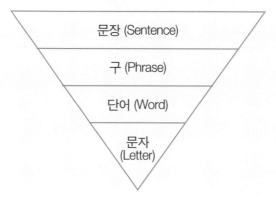

말로 번역하려는 습관과 충동에서 빨리 벗어나야 한다. 글을 영어 그대로 점차 큰 단위로 의미 단위를 만들어 읽는 훈련이 필요하다. 우리말로 번역을 시도하는 순간, 여러분은 영어식 사고에서 멀어지며 영어 따로 우리말 따로 공부하는 오류를 범하게 된다. 그러니까 우리말 번역에 의존하지 않고 바로 이해할 수 있는 쉬운 내용을 읽어야 된다. 자기 수준에 맞는 단계별 읽기자료가 바로 그것이다.

7. 자발적으로 즐기며 많이 읽어라!

인간의 언어는 다른 동물들이 흉내 못내는 인간 고유의 것이다. 인간이 인간다운 것은 언어를 갖고 있어서 다른 동물들과 구별되는 사고를 할 수 있기 때문이다. 인간은 개인마다 선천적으로 언어를 구사할 수 있는 능력을 갖고 태어났다. 따라서 이 잠재적 능력을 세발시키는 것이 중요하다. 따라서 인간 내면의 요소를 능성적으로 키워주는 것이 영어 학습 동기 유발에 중요하다. 여기서 우리는 영어학습의 주체가 인간 한 개인이 되어야 한다는 언어 교육 철학의 본질을 지적하고 싶다. 인간 고유한 언어를 습득하려면 타의에 의해서가 아니라 학습자 스스로의 의지에 따라 자발적으로 언어를 체득하는 것이 언어 습득의 본질이다. 따라서 영어를 효과적으로 습득하기 위해서는 공부하는 학생들 스스로 학습하려는 동기와 태도를 만드는 것이 더욱 중요한 것이다. 이런 측면에서 볼 때, 영어교육도 기존의 교사 중심이 아닌, 학습자 중심의 교육이 되어야 한다는 것을 알아야 한다.

지금부터는 학생이 왕이다. 선생님은 학생들이 영어를 배우는 긴 여정을 잘 갈 수 있도록 안내하고 이끌어주는 역할을 해야 한다. 친절하고 따뜻한 마음으로 헌신적으로! 이제는 선생님들의 권위를 버려야 한다. 어려운 내용을 강의하며 자신의 지식을 과시하는 것이 교육이 아니며, 공부 못하는 아이들에게 어려운 문제를 질문하여 공부에 대한 좌절감을 심어주는 것은 교육이 아니다. 또 시험을 통해 학생들에게 무거운 중압감을 주어서도 안 된다. 학생들이 자발적으로 편안하게 영어를 즐길 수 있도록 이끌어가는 선장의 역할이 우리 선생님들의 진정한 모습이 되어야 한다.

언어학자 크라센(Krashen)이 학생들이 자발적으로 다독할 수 있도록 해야 한다고 하며, 이것을 '즐거운 읽기'(Pleasure Reading)라고 한 이

유는 바로 이것이다.

어느 유력 영자신문에 필자가 인터뷰한 기사가 난 적이 있었다. 내용은 우리나라 영어교육이 이제는 다독(Extensive Reading) 중심으로 바뀌어야 하며 언어습득관점에서 '즐거운 읽기'가 그 방법의 중심에 있어야 한다는 것이었다. 참으로 고무적인 것은 크라센(Krashen) 교수가 이 기사를 보고 필자의 의견에 전적으로 공감한다고 해 주었다는 사실이다. 필자에게도 참 기분이 좋은 사건이었다.

8. 발음에 너무 신경 쓰지 마라!

영어는 이제 '세계어'(Global Language)로 지구촌의 언어가 된 지 오래 되었다. 예전에는 영어에도 표준영어가 있있다. 처음에는 영국영어(British English)가 표준어였으나, 미국영어(American English)가 그 영향력과 위상이 강해짐에 따라, 이제는 영국영어와 미국영어가 세계적인 표준어가 되었다. 그리고 영어가 모국어로서가 아니라 외국어나 제2언어로 사용하는 국가가 늘어남에 따라, 영어는 더 이상 미국이나 영국만의 언어가 아니다.

물론 선진문화와 세계의 모든 면에 영향을 미치는 미국 표준영어를 따라가는 것이 이상적이다. 다만, 지금은 지역이나 지위 등에 따라 수많은 영어의 다양한 형태가 존재하고 있다. 영국 영어나 미국 영어가 있는가 하면, 오스트레일리아 영어·뉴질랜드 영어·싱가포르 영어·말레이시아 영어·홍콩 영어·필리핀 영어·캐나다 영어 그리고 지역에 따른 방언 등은 수많은 영어가 나름대로 존재하고 있다.

그러므로 영어 발음의 경우, 영국 영어나 미국 영어를 비롯하여 각 나라나 지역의 영어마다 발음이 조금씩 다르다. 그러나 그것은 의사소통과는 별 상관없는 부분들이다. 그래서 발음에 있어서 '더 나은 발음'(Better Pronunciation)이란 존재하지 않는다.

가령 'Computer'를 미국식으로 '컴퓨러'로 발음하든지, 영국식으로 '컴퓨터'라고 발음하든지 의사소통에 있어서는 크게 중요하지 않다. 특히 모음의 경우는 나라마다 발음이 다른 경우가 많다. 영어의 'kid'의 /i/ 발음은 영국의 표준영어는 /키드/로 짧게 발음하고, 오스트레일리아에서는 /키:드/로 길게 발음한다. 한편, 뉴질랜드에서는 /

커드/로 발음한다. '향수병'을 의미하는 'homesick'의 경우 '호움씩', '홈씩', '홈:씩' 등 영어의 지역성에 따라 다르게 발음된다. 그러나 어떤 특정한 발음이 더 좋은 것은 없으며, 어느 것 하나 의사소통에 문제가 되지 않는다.

결국, 우리의 영어교육도 미국영어 발음이나 영국 영어 발음 중 특정한 것을 강조하며 가르칠 것이 아니라 어느 것이더라도 진정한 의사소통 능력인 "국제적 의사소통능력"(International Intelligibility)을 만들어 주는 교육이 정말로 필요한 것이다.

필자가 한때 BBC 영국 영어교육 프로그램의 홍보를 맡아서 일한 적이 있었는데, 그때 주변의 많은 사람이 일관되게 하는 말이 있었다. '요즈음에 영국 영어를 배워도 되나요?', '어린 아이들이 영국 영어를 배우면 발음이 나빠져서 문제가 생기지 않나요?' 등이었다. 참으로 답답한 일이었다. 물론, 우리나라 상류사회 사람들이 미국에서 영어를 배운 사람이 많고, 미국이란 나라가 세계를 주도하기 때문에 이왕이면, 미국식 발음으로 배우고 싶은 마음을 필자는 충분히 이해한다.

그렇지만 여러분들은 이제 발음에 대한 이해를 바꿔 볼 필요가 있다. 영국 영어나 미국 영어·캐나다 영어·오스트레일리아 영어·싱가포르 영어, 모두가 하나의 영어 발음으로 인정해 주는 큰 마음을 가져 주기 바란다. 그 영어가 무엇이든, 어떤 지역에서 사용되는 영어인지에 관계없이, 우선 중요한 것은, 제대로 영어를 습득할 수 있는 방법과 의사소통 능력을 길러주는 방법이 있다면, 그곳으로 열심히 따라가는 것이다. 자! 이제 잘못된 고정관념을 버리고 훨훨 날아보자!!

9. 창의적이고 비판적인 학습자세가 필요하다.

우리의 두뇌는 좌반구와 우반구라는 2개의 부분으로 구성되어 있다. 그런데 언어의 인지적 측면에서 보면, 좌반구는 지적인 영역, 체계적이고 객관적인 영역, 분석적 능력, 논리적 사고 등을 지배한다. 따라서 좌반구가 발달한 사람들은 언어사용 시 '비유적 표현'이나 '제스처' 등은 잘 사용하지 못하고, 분석적인 해석이나 4지 선다형 문제 등을 좋아하는 경향이 있다. 이러한 좌반구 중심의 교육은 그 동안 우리의 영어교육의 중심에 있었던 부분들이었다. 그러므로 종래에는 문법이나 구문의 분석적 해석 능력을 언어 능력의 중요한 부분으로 여긴 적이 있으며, 시험도 객관적인 영역을 측정하기 위해 '객관식 시험'이 대부분이었다. 이러한 좌반구 중심의 영어 교육은 학생들을 마치 영어를 분석하고 해독하는 연구가처럼 만들었고, 그 중 많은 학생들은 재미없고 어려운 영어를 골치 아픈 대상으로 여기게 되었다.

이제 우리의 영어교육도 새로운 방향으로 모색되어야 한다.

우리 두뇌의 우반구는 직관적인 영역, 상징적이고 이미지 중심의 영역, 주관적 판단의 영역에 관계가 있다고 한다. 그리고 분석적이기 보다는 종합적인 사고를 하며 생각이나 기억을 할 때 언어요소보다는 '이미지'에 더욱 의존한다. 물건을 그리거나 조작하는 것을 즐기며 감정에 자유롭고 일을 할 때는 보다 자발적이다. 언어에 있어서도 '제스처'를 잘 사용하며 비유적인 표현을 잘 구사하고 직관적이고 창조적인 문제 해결 능력과 언어를 구사한다. 문제의 유형도 서술형 문제를 더 좋아한다.

우리는 언어를 창조하고 비판적으로 생각할 수 있는 능력 함양이 진정한 영어의 '유창성'과 '자동성'을 이루는 것이라는 것을 명심해야 한다. 따라서 우반구 기능에 기초한 영어교육은 영어의 의사소통 능력을 창의적으로 만들어주기 위해 우리에게 필요한 교육이다.

10. 영어문화를 익혀라!

언어를 습득한다는 것은 또 다른 의미에서는 그 나라의 문화를 수용해 가는 과정이라고 볼 수 있다. 그 나라의 문화에 대한 이해 없이는 진정으로 언어를 배웠다고 할 수 없고 온전한 언어 습득을 기대할 수 없다.

이런 맥락에서, 영어학습도 영미 문화에 대한 이해가 반드시 병행되어야 한다. 물론 영어를 모국어로 사용하는 영미 문화권에 가서 그 나라의 문화와 언어를 이해하는 것이 가장 좋겠지만, 우리나라 모든 영어 학도들이 다 외국에 나가 공부할 수 없는 일이다. 따라서 그 대안을 찾아야 한다. 영미 문화를 이해하는 간접적인 방법

은 무엇인가? 그 중 하나가 바로 영미 문화가 깊숙이 녹아있는 글을 우리가 접하며 학습하는 것이다.

앞에서 말했듯이, 이런 목적을 잘 담고 있는 것이 단계별 또는 수준별 읽기이다. 이런 단계별 읽기 책들은 대개 많은 삽화나 그림을 담고 있어 그 내용에 대한 이해와 문화적 배경을 쉽게 이해할 수 있다.

11. 영어교과서에서 탈피하라!

우리는 학교에서 영어교육을 받는 동안 영어교과서에 절대적으로 의존한다. 그 이유는 한정된 시간에 정해진 분량을 수업하기 위해서 만들어진 교재이기 때문이다. 우리나라의 교과서는 학교에서 영어교육을 주도했던 주요 자료이다. 그러나 영어교육이란 측면에서 교과서가 우리 학생들에게 얼마나 많은 도움을 주었는지 생각해볼 필요가 있다. 결론부터 말하자면, 우리는 영어교과서 때문에 영어를 제대로 못 배웠는지도 모른다. 역설적이긴 하지만 영어교과서는 우리나라 학생들, 특히 영어를 잘 못하거나 영어에 흥미가 없는 학생들에게는 영어공부에 대한 좌절감만 주는 대상이었다.

또한 교과서는 시험을 보기 위한 자료로서 큰 의미가 있었다. 교과서에 나오는 단편적인 문법이나 구문, 단어, 그리고 부분적인 해석 등이 수업의 대부분이었다. 공부하기 싫어하거나 기초가 부족한 학생들에게 잘 하는 학생들과 똑같이 같은 내용과 방식으로 획일적인 수업을 한 것이다.

영어교과서의 내용을 좀 살펴보자.

우선 독해지문의 내용이 너무 짧다. 독해지문이 짧으면 학생들은 분석적인 방법으로 해석하고 문장 분석하는 연습에 치우치게 된다. 또한 빠른 읽기 대신 천천히 읽게 된다. 신경언어학자들이 지적하듯이 천천히 글을 읽으면 이해력이 증가할 것 같지만 오히려 정반대이다. 둘째, 독해지문이 획일적이다. 학습자의 수준이나 흥미와는 상관없는 내용이다. 누구나 똑같이 읽기를 해야 한다. 그러나 언어습득의 측면에서 보면, 그것은 학습자들의 동기 유발이나 긍정적인

하습태도를 길러주기 쉽지 않다.

한편, 영어실력이 좋은 학생들은 교과서 한 권을 한 달, 아니 더 짧은 기간에도 끝낼 수 있다. 이것이 누구를 위한 교과서인지 반문하고 싶은 심정이다. 셋째, 교과서에 나오는 영어 표현이 영어권에서 사용하는 표현이 아닌 경우가 많다. 교과서 내용은 대개 학년별로 정해진 단어 수준에 맞추어 집필진들이 다시 쓴 경우가 많다. 이런 과정에서 영미 문화권에서 사용하지 않는 표현이나 어색한 표현이 쓰이는 경우도 있다. 살아 있는 영어, 실제적인 영어를 배우려면 가능한 영어 원어민들이 사용하는 내용이나 표현을 사용하는 것이 바람직하다.

이런 면에서 볼 때, 학생들 스스로 선택하여 읽을 수 있는 단계별 읽기자료를 추천하고 싶다. 이 단계별 읽기자료는 흥미 있는 언어학습자 문학으로 대개 50~100페이지 정도의 분량이다. 읽기 내용이 흥미롭고 이야기가 처음부터 끝까지 이어지므로 내용이 끊기지 않고 이어지는 내용이다. 또한 수준별로 선택해서 읽을 수 있으므로 비교적 쉬운 내용을 빠르게 읽을 수 있다.

이런 면을 고려해볼 때, 우리의 영어교육도 이러한 교재들의 다독을 통한 방안이 좋은 모델이 된다면 좋을 것 같다.

우리의 교과서는 내용이 너무 빈약하다.

예를 들면, 중학교 1학년에 나오는 전체 단어의 분량은 겨우 1,000단어 정도인데 1년 동안 이 책 한 권을 붙들고 시간을 보내는 것이 우리의 현실이다. 그러나 단계별 읽기자료(Graded Readers)를 통한 읽기를 할 경우에는 초급 단계의 얇은 책과 같은 분량이다. 따라서 이러한 읽기자료를 3~4권 읽는다면 교과서 문장의 3~4배를 읽는 꼴이다. 1권의 단계별 읽기를 하는 데 걸리는 시간은 보통 30분 이내이다. 이것을 우리 학교에서는 1년을 붙들고 씨름하며 시간을 보낸다는 것이다. 도대체 영어를 잘 하도록 하려는 것인지 형식적으로 영어공부시키는 흉내만 내고 있는지 알 수가 없다.

중학교 3년 동안 학교에서 접하는 단어의 양을 계산해 보면, 아무리 많이 잡아도 5,000단어를 넘지 않는 것 같다. 이 정도면 단계별 읽기자료 몇 권에 해당되는 분량에 불과하다. 영어의 단어 하나를 습득한다는 것은 그리 쉬운 일이 아니다.

가령, 영어의 기본 동사 make, have, take, get 등을 온전하게 이해하려면 많은 시간 동안의 문장을 접하면서 얻는 경험이 필요하다. 완전한 체득이 일어나야 그 단어 하나가 자기 것이 된 것이다. 단지 단어 하나의 뜻을 암기한 것은 아무런 쓸모가 없다. 많은 문장의 경험과 다양한 문맥의 경험을 통해서 단어도 하나씩 습득이 되는 것이다.

이렇게 볼 때, 영어교과서를 통한 온전한 학습은 솔직히 기대할 수 없다고 본다. 일반직으로 1개의 단어를 사기 섯으로 체득하려면 1,000개의 문장을 읽어야 된다는 연구 결과도 있다. 우리는 이러한 교육 현실을 두고 곰곰이 생각해볼 때가 되었다.

12. 토익과 토플 책을 멀리 하라!

요즈음 학생들의 영어공부에 대한 관심과 열기는 대단하다. 그런데 그 모습을 살펴보면, 토익이나 토플 책을 들고 다니며 학원에서 영어점수 올리는 기술을 배우고 있는 학생들이 의외로 많다. 이 학생들은 도대체 영어실력을 올리려고 학원에 다니는 것인지, 아니면 눈앞에 있는 토익이나 토플 점수를 올리는 것이 영어공부의 목표인지 필자로서도 이해하기 어렵다. 그러나 분명한 것은 토플이나 토익

책은 시험을 위한 수험서이기 때문에 시험에 대한 형식과 경향 파악에 도움을 주지만, 본질적인 영어습득이나 유창성을 길러주지 못한다. 특히 영어를 막 시작하는 초보자들이나 영어 수준이 높지 않은 중급 이하의 학생들에게는 권하고 싶지 않은 방법이다.

요즈음 이런 왜곡된 영어 학습 분위기 때문에 어린 학생들까지도 처음부터 토익이나 토플 책을 들고 공부하는 학생이 많다고 하니 안타까울 따름이다.

최근에 필자가 시내 대형 서점에 들러본 적이 있다. 영어 서적 코너에 들어서자마자 토익이나 토플 책들로 진열대가 가득 차 있다. 책의 종류도 한두 가지가 아니다. 이렇게 많은 책 중에서 좋은 책을 고르는 것도 쉽지 않을 것 같다.

그런데 중요한 깃은 그 많은 토익, 토플 책이 영어 학습에는 크게 도움을 못 준다는 것이다. 이런 책은 '영어 실력 향상을 위한 책'이라기보다는 '영어 성적을 올리기 위한 책'이라고 표현하는 것이 좋다. 영어 학습의 성과는 그렇게 단시간에 나타나는 것이 아니다.

　토익이나 토플은 영어 실력을 평가하려고 만든 수험서에 불과하다. 기업이나 상급 학교에서 학생들의 실력을 평가할 방법이 없다고 생각해서 어쩔 수 없이 사용하는 평가 매체이다. 그 토익이나 토플 유형의 문제를 푸는 것이 단편적으로 영어 실력에 도움을 주는 것처럼 보이지만 그것은 잠시 우리에게 위안을 줄 뿐 본질적으로 영어 실력 향상을 주지 못한다.

　이런 것을 영어교육학에서는 "워쉬 백"(Washback) 효과라고 한다. 이것은 영어 학습의 본질적인 방법을 외면하고 상급기관에서 원하는 필요성에 따라 학생들이 따라서 공부하는 잘못된 방법을 말한다.

　그럼에도 불구하고 요즈음 대한민국은 토익·토플 열풍 속에 싸여 있는 것 같다. 토익 점수로 승진하고 진학해야 하니, 이해가 안 되는 것은 아니지만 시간을 두고 영어를 제대로 학습하려는 학생들은 토익이나 토플 책으로 시작하지 않기를 바란다.

　분명히 영어를 손쉽게 평가하는 것이 쉽지 않다. 그래서 토익 같은 시험이 인기를 끌고 있는 것 같다. 영어 평가를 주관하는 담당자들도 마땅한 대안이 없어서 외부 평가기관의 시험에 의존하고 있다고 생각된다.

그럼 여기서 여러분이 그토록 매달리고 있는 토익(TOEIC)이 어떤 것인지 생각해 보기로 하자.

토익은 국제적인 의사소통 능력을 알아보기 위한 영어시험이다. 그러나 필자는 과연 토익시험 점수가 영어구사력의 지표는 될 수 있는지 의심을 갖지 않을 수 없다.

영어구사력의 지표로 토익 점수는 절대적인 지표는 되지 못한다. 이 점은 토익에서 800점 이상을 받은 고득점 학생들 스스로가 인정하는 부분이다. 토익의 고득점은 문제 유형별 해결 능력을 보여주는 지표일 뿐 영어 구사 능력과는 많은 상관관계가 없는 것 같다. 정확하게 말하면, 우리 학습자들이 오래 전부터 올바른 방법으로 공부해왔다면 자연스럽게 토익도 높은 점수가 나와야 하는데, 토익을 목표로 처음부터 다시 전략을 짜서 시험점수를 올리려고 반복한다는 것 자체가 문제인 것이다. 요즈음 토익에도 말하기나 쓰기를 별도로 테스트하는 부분이 있기는 하지만, 토익 점수가 높다고 반드시 영어 작문 실력이 비례하는 것도 아니고 말하기 능력이 비례하는 것도 아닌 것 같다. 또한 읽기와 듣기, 다시 말해, 청해와 독해 부분도 기술적으로 반복하면 짧은 시간 안에 점수를 올리는 학생도 많다. 이러한 분위기 속에서 토익과 토플이 말하기나 작문 시험을 강조하는 유형으로 보완되었다고 하니, 그나마 다행이라고 해야 할지 모르겠다.

영어공부는 우리 몸에 영어가 체득되는 과정이다. 영미 문화권의 많은 내용을 우리가 접하고 이해할 때 점진적으로 우리의 한 부분이 되는 것이다. 단기간에 토플이나 토익 책을 끝내는 것이 영어의 자동화 또는 내재화에 도움을 주지 못한다. 어린아이 또는 영어가 능숙하지 못한 학생일수록 토익과 토플 책을 멀리하고 다양한 독서를 해야 한다. 그래야 영어 체득화의 길로 갈 수가 있다.

13. 느낀 점을 자유롭게 써보자!

필자는 지금까지 영어가 유창하고 능숙해지기 위한 새로운 교육방향을 강조해왔다. 그 대표적인 것이 영미문화권의 유명 작품을 학습자 수준에 맞추어 만든 단계별 '언어학습자 문학'(Language Learner Literature)을 통한 '다독'(Extensive Reading)이다.

인간의 고유한 능력인 언어 능력을 극대화시키기 위해서 '언어'와 '사고'의 상호작용을 활용한 교육방법을 추천하고 싶다. 다독을 통해 작품을 읽는 동안 느낀 내용을 정리해 보는 훈련이 바로 언어와 사고 작용을 높여주는 방법이다.

한 가지 예로, 독서일기(Reading Diary)를 쓰는 것을 제안한다. 이것은 전적으로 학생들 스스로 만드는 일종의 포트폴리오이다. 자기 스스로 생각하고 느낀 점들을 마음껏 자유롭게 만들어 보는 것이다. 형식이 정해져 있는 것은 없지만 필자가 학생들을 지도하면서 일반적으로 제시하는 형식은 다음과 같다.

[제목:]   ○○○○년 ○월 ○일

내용요약 (Summary)	문법/구문 (Grammar/ Structure)	어휘 (Vocabulary)	느낀 점 (Comments)	기타

독서 일기의 내용요약은 자기가 읽은 부분에 대해 요약해 보는 것이다. 우리말로 써도 좋다. 읽은 내용을 생각하며 요약해 본다. 가능한 많이 생각하고 기록한다. 많은 내용과 표현을 떠올리며 써 본다. 필자의 오랜 경험에 의하면, 많이 몰입된 독자일수록 빠른 속도로 영어로 점차 쓰고 싶은 충동을 경험한다는 것을 알고 있다.

문법과 구문은 학생들의 입장에서 읽는 동안, 이상하거나 몰랐던 부분을 체크해 놓았다가 그 부분을 동료 친구들이나 선생님과 토론하며 정리하는 기회가 된다. 어휘의 경우, 다독을 하는 동안 사전을 사용하지 않으므로 때때로 모르는 단어를 지나친 경우가 있을 것이다. 이런 단어들을 체크해 놓았다가 읽기가 다 끝난 뒤에 정리하면 효과적이다. 독서 일기에서 가장 중요한 부분은 느낀 점을 자유롭게 써보는 것이다. 작품을 읽으면서 떠올렸던 장면이나 내용을 그림으로 그려볼 수도 있고 자기의 주관적인 생각으로 작품의 인물이나 사건을 평가해볼 수 있다. 또 다른 사람의 입장이나 다른 세계의 사건을 상상을 통해 써볼 수도 있다. 정말 자유롭게 마음껏 만들어 보는 것이다. 이것을 반복하는 동안 여러분은 자신도 모르

게 영어실력이 엄청난 속도로 좋아지는 것을 알게 된다. 영어에 대한 새로운 경험을 하게 되며, 그동안 느꼈던 영어공부와는 전혀 다른 차원의 세계를 몸소 체험하게 된다.

특히, 독서일기를 쓰며 주제를 정리하는 동안, 그 이상의 내용이 궁금하거나 관심이 생기면 인터넷을 활용하여 주제를 확대해 보자.

단계별 읽기자료는 물론이고, 이와 관련된 영어자료를 인터넷상에서 찾아보면 무궁무진한 관련 내용을 읽을 수 있다. 이런 관심 분야의 내용은 꼬리에 꼬리를 물고 계속 주제를 만들 수 있어 다독의 효과를 더욱 증대할 수 있다. 물론 마찬가지로 인터넷에 나온 내용을 읽으며, 독서 일기를 정리해 간다면 다독의 내용을 훨씬 보강할 수 있다. 이때 인터넷상의 자료의 영어가 단계별 자료의 내용보다는 어려운 경우가 많은데, 이때 너무 부담감을 갖지 말고 가벼운 마음으로 주제나 관련된 내용을 위주로 읽어보라. 그리고 읽기가 끝난 후에 다소 어려운 단어나 구문은 정리해 보는 것이 좋다.

14. 읽기와 쓰기를 묶어라!

영어의 완성은 읽기·쓰기·말하기·듣기의 완성이다. 그러나 이런 언어의 기술들이 각각 완성되는 것이 아니라 동시에 통합적으로 완성되는 것이 바로 언어의 습득 원리이다. 특히 읽기와 쓰기는 동시적으로 통합되기가 가까운 문자언어의 영역이다. 따라서 읽기와 쓰기는 다른 영역보다 통합하기가 쉬우며 동시적으로 이루어지는 것이 이상적이다. 읽기는 이해하는 기능이고, 쓰기는 읽기를 바탕으로 언어 습득 정도를 나타내는 유창성을 나타낸다.

다독을 통한 읽기는 많은 내용을 접하면서 수많은 단어와 표현

을 반복석으로 접하게 된다. 이러는 가운데 머릿속에 완진히 체득된 것들이 하나씩 밖으로 표출되는 것이다. 바로 이 표출된 내용이 여러분의 글로 나타나며 능숙한 영작문을 만들어 주는 것이다.

15. 멀티미디어를 활용하라! : 듣기와 말하기도 저절로!

음성언어인 듣기와 말하기로 훈련하기 위해서는 소리에 대한 감각 훈련이 필요하다. 이때 멀티미디어를 활용하면 듣기 훈련과 말하기 학습에 유용하다. 멀티미디어 학습법의 가장 중요한 장점 중 하나는 뇌의 여러 곳을 한꺼번에 작동시킬 수 있다는 것이다. 신경과학자들은 "동시에 작동하는 신경단위는 연결된다"고 말한다. 특정 동화책을 충분히 이해했을 정도로 공부를 했다면, 각각의 문장을 말하는 연습을 해야 한다. 마이크를 이용하여 본인의 목소리를 녹음하는 방법을 활용해라. 그 다음에 본인의 음성과 원어민 음성을 비교한다. 속도·강약·억양·발음을 비교하는 것이 좋다. 이러한 훈련은 뇌의 음운 처리능력을 개발하며 자동화 능력과 장기 기억의 개발을 도와준다.

대부분 단계별 읽기자료는 오디오 테이프나 CD로 제작되어 있고, 단계가 낮을수록 오디오로 제작이 잘 되어 있다. 또한 듣기와 말하기의 경우도 필자가 다독의 요령에서 일관되게 주장해 온 것처럼 자기 수준보다 조금 쉬운 내용을 반복해 듣는 것이 좋다. 언어가 체득되는 원리는 언어의 네가지 기능이 같기 때문이다. 자기가 완전히 이해한

내용만 듣기가 되고 말하기가 된다. 이것이 바로 영어의 '자동화의 원리이다. 듣기의 경우는 이미 많은 양의 읽기를 통해 내용을 생각하며 반복하여 듣는다면 놀라운 효과를 기대 할 수 있다.

간혹 우리 주변에서 듣기 공부를 한다고 하면서 처음부터 어려운 AFKN, CNN 같은 내용으로 청취 훈련을 하는 경우를 보는데 이것은 참으로 어리석은 일이 아니라 할 수 없다.

말하기의 경우도 다독을 통해 나타난 내용을 듣고 따라서 말하는 훈련은 영어 청취력 향상에 크게 도움을 준다. 단계별 읽기자료의 테이프는 문장과 문장 사이에 쉬는 시간이 없어서 따라 하기가 쉽지 않다.

그렇다면 컴퓨터 읽기 프로그램을 활용해보자. 영어독서프로그램

을 이용한 멀티미디어 프로그램을 잘 활용할 경우 읽기 능력 개발
에 효과적이다. 미국에서 개발된, 컴퓨터로 책을 읽을 수 있는 단계
별 멀티미디어 읽기자료도 추천할 만하다. 이런 프로그램은 영어독
서프로그램이지만, 읽기·듣기·말하기를 총체적으로 학습할 수 있다.
음성인식기술을 활용하여 실시간 발음교정도 해준다.

　물론 처음에는 단계가 낮은 것부터 시작하는 것이 좋다. 모든 텍
스트가 다 녹음이 되어있는 것은 아니지만 단계별로 상당히 많은
것들이 녹음되어 있다. 이것만 다 활용할 수 있다면 성공할 수 있다
고 본다. 발음을 들을 경우에도, 다독할 때처럼 우리말로 또는 우
리식 발음으로 생각하지 않는 습관이 중요하다. 그저 들리는 대로

느끼고 발음을 따라해 보면 된다. 발음도 내용이 이해가 된 순서로 우리 몸에 체득되어 간다. 따라서 처음에 우리가 갖고 있던 발음도 차츰 원어민의 발음에 근접된다. 이것이 진정한 언어 습득의 원리이고 자동화의 원리이다. 발음을 좋게 만든다고 우리아이들의 혀를 수술시켰다는 어느 외국 신문의 기사가 나의 뇌리를 스쳐가는 것은 무엇인가!

크라센(Krashen) 같은 언어학자는 '다독'으로 읽기·쓰기·말하기·듣기 같은 모든 측면의 기능을 통합적으로 습득할 수 있다고 주장하고 있다. 필자는 이 말에 절대적으로 공감한다. 다독을 통한 영어습득의 원리는 듣고 말하는 기능까지 습득할 수 있다는 것을 말해준다.

발음이란 측면에서 볼 때, 다독을 위한 오디오의 내용을 활용하면 원어민의 발음을 재미있는 내용과 함께 습득하고 동화시킬 수 있다. 엄밀히 말해서 듣기와 읽기가 전혀 다른 원리를 갖고 있지는 않다. 듣기는 음성언어를 이해하는 것이고, 읽기는 문자언어를 이해하는 것이 차이일 뿐이다. 다만 어느 경우이건 이해력을 수반하지 않으면 읽기와 듣기가 불가능한 사실이다. 따라서 다독의 경우에도 다양한 글의 이해를 통한 듣기는 그 만큼 효과적이고 반복적인 학습을 할 경우에는 이것이 매우 효과적인 듣기 학습 방법이란 사실이다.

단계별 읽기자료를 테이프나 CD로 들을 경우에 좋은 방법은 무엇일까? 그 방법은 내용을 생각하며 습관적으로 따라해 보는 데 있다. 원어민의 발음은 저절로 귀에 익숙해지고 소리의 흉내는 결국 발음의 습득을 가져온다.

　제2부에서 읽기를 통해 말하기와 쓰기·듣기 능력을 길러주는 리딩 훈련법을 소개할 것이다.

　소위 '쉐도우 스피킹(Shadow Speaking)'의 원리와 실천방법도 함께 알려줄 것이다.

영어독서에 그 답이 있다!

01

영어가 유창하다는 것은 무엇인가?

영어가 유창하다는 것은 읽기 과정을 의식하지 않는 것으로, 그 과정을 무의식적으로 사용할 수 있는 능력을 말한다. 또한 자동성이란 유창성과 상호 교환할 수 있는 개념으로, 단어와 내용을 자유롭게 이해하고 사용한다는 뜻이다.

영어가 우수한 아이들은 철자 식별이나 어휘처리 등을 쉽게 하며 글을 읽지만, 우수하지 않은 아이들은 철자 식별이나 어휘 처리를 쉽게 하지 못하므로 글을 읽는 데 어려움이 있다. 다시 말해,서, 우수한 아이들일수록, 내용 파악을 쉽게 하고 글을 비판적으로 읽을 수 있다는 뜻이다.

크라센(Krashen)에 따르면, '자동화'란 이해가능하고 흥미 있는 내용에 많이 노출됨으로써 발생하는 자연적인 내재적 습득 과정의 결과라고 한다. 여기서 흥미 있는 내용이란 학습자의 동기나 관심에 부합하는 알맞은 자료를 말한다.

또한, 영어가 우리 몸에 체득화되어 자동적으로 우리 몸의 한 부분이 되는 것이 중요하다. 그러려면 생각하며 영어를 경험하는 자

세가 필요하다. 이때 많은 양의 독서를 하며 영어를 경험하는 것이 매우 중요하다. 우리 아이들에게 꼭 필요한 것은 어떻게 자연스럽게 독서하는 습관이 형성되느냐이다. 영어책을 읽는 습관을 갖도록 하는 것은 영어를 습득하는 출발점이자, 종착역이라 하겠다. 영어책을 읽을 때 주의해야 할 사항 몇 가지를 적어본다.

첫째, 글을 읽을 때 실제 상황에 들어가 있는듯이 연상을 하라. 글의 표현과 쓰임이 실제로 의사소통에 활용될 수 있도록 글을 응용할 수 있는 사람이 되어야 한다. 우리말로 번역하는 것은 금물이다. 글을 읽어가며 그 속에 전개되고 있는 내용과 정보에 집중하라.

둘째, 실제의 의사소통에 쓸 수 있도록 하나의 단어보다 단어와 단어의 연결에 집중하라. 실제로 사용되는 단어와 단어의 연결을 '연어'(collocation)라고 한다.

셋째, 문장이 갖고 있는 하나의 독립된 의미보다는 그 주변의 문맥을 생각하며 문장을 본다.

넷째, 우리의 두뇌 속에 오랫동안 기억되는 것은 실제로 활용될 수 있는 문장과 표현이다. 실제로 쓸 수 있는 표현부터 우리 두뇌에 습득이 된다.

다섯째, 우리 몸에 영어가 자동적으로 체득화되는 것은 단어나 문장이 여러 번 반복됨으로써 나타나는 것이다. 처음부터 한 번에 모든 표현을 암기하기 보다는, 즐겁게 내용에 몰입하는 가운데 그 표현들을 알게 되는 것이다.

지금까지 말한 내용들은 우리가 우리말을 배울 때 배웠던 원리와 맥을 같이한다. 즉 외국어를 습득하는 원리와 모국어인 한국어를 습득하는 원리는 똑 같다는 사실을 우리는 명심할 필요가 있다.

여섯째, 책을 지속적으로 소리 내서 읽어보라. 미국 국립 읽기 위원회에 따르면, 가장 좋은 읽기 연습 방법은 소리 내서 읽는 것이라고 한다. 소리 내어 읽다 보면 발음이 좋아지고, 자신감이 향상되며, 저절로 유창하게 리딩을 할 수 있게 될 것이다.

 영어가 유창하다는 것은 두뇌에서 자동 반응하는 것이다.

 영어독서는 자동화의 토대가 된다.

한국형
영어몰입교육

그렇다면 자동화 원리에 맞는 영어학습법은 무엇인가? 필자는 자동화원리를 충족시키는 학습법으로 다독을 통한 영어 읽기법을 소개하고 싶다. 특히 학습자가 자발적으로 읽기를 주도한다는 점에서 '자발적 다독법'이라 부르기로 한다. 이러한 읽기 중심의 몰입교육이 바로 우리나라에서 적용되어야 할 몰입교육의 본질이다.

영어구사 능력이 우수한 교사를 많이 확보하여 아이들을 가르치는 것이 중요하긴 하나, 언어 습득의 관점에서 보면, 우리 아이들이 중심이 되어 언어를 주도적으로 체득하도록 도와주는 것이 더욱 중요하다고 하겠다. 영어 몰입교육의 본질이 영어로 다른 과목까지 가르치는 것을 의미하는 것이기 때문에, 여기서 소개하게 될 자기주도적 학습법인 '자발적 다독법'(Extensive Reading)은 영어의 습득과 다른 분야의 정보와 지식을 얻는 교육 방안으로, 영어몰입교육의 새로운 모델이 될 수가 있다.

'자발적 다독법'은 빠르게 많은 책을 읽는 것으로, 읽기의 목적을 문법이나 구문과 같은 언어의 형태보다는 책의 이야기나 배경에 관

02 영어독서에 그 답이 있다!

한 내용에 더 중점을 두는 영어학습법이다. 영어 읽기 교재도 즐거움과 정보를 줄 수 있는 일상적인 목적을 위한 읽기를 강조하고 있다. 그러므로 영어를 가르칠 때 글의 내용을 우선 강조함으로써, 영어읽기를 정보 습득 과정으로서 말과 생각을 동시에 배울 수 있다.

또한 '자발적 다독법'은 좋은 독서 습관을 개발하고, 어휘와 구문에 대한 지식을 배가시키며, 독서에 대한 관심을 독려하는 데 그 목적이 있다고 볼 수 있다. 다독의 방법은 개인의 차이를 고려하며, 상상력을 동원하여 내용에 몰입하는 읽기 방법이다. 더욱이 이 방법은 개인의 즐거움과 학습 능력을 전반적으로 극대화시킬 수 있다.

한편, '자발적 다독법'은 실제성 자료에 많이 노출됨으로써 읽기 능력의 향상은 물론 비판적 사고가 증대되고 감성지수(EQ)의 성장

도 가능하게 한다. 또한 이것은 기타 학업 수행 능력 등에서 크게 영향을 줄 수 있는 바람직한 읽기 교육 방법이며, 특히 영어를 외국어로 배우는 우리들에게 효율적인 교수법이다.

 영어의 다독이 우리의 몰입교육이다.
 영어의 다독은 읽기습관과 영어능력을 키워준다.

03

영어
다독의 효과

과거의 영어 교육이 문법과 구문 중심이었다면, '자발적 다독법 (Extensive Reading)'을 통한 자동화 교육은 내용을 함께 가르치는 것으로 말과 생각을 하나로 만들어 준다.

이것은 '자발적 다독법'이 '사고'(Thought)에 바탕을 두고, 말과 생각을 통합시켜 가는 읽기법이라는 점에서 상통한다.

지금까지의 읽기 교육은 인간의 사고 작용을 무시한 교육으로, 단어나 문장별로 언어를 분석하는 말의 형식만 강조하는 불완전한 교육이었다. 그러나 인간의 생각을 무시한 교육은 언어교육에 대한 철학적 부재를 보여주는 것이다. 따라서 인간의 생각에 기초한 읽기 교육이 영어를 체득하고 완전히 자신의 일부로 만드는 것이라는 것을 강조하고 싶다.

1. 다독은 영어의 만병통치약

언어학자 네이션(Nation)은 '자발적 다독법'의 언어학습에 대한 장점을 연구한 가운데, 읽기에 대한 향상과 아울러 언어 사용과 언어에 대한 지식도 증가함을 밝히고 있다. 그는 또한 '자발적 다독법'은 감성적인 영역에도 장점이 있음을 지적한다.

특히 읽기와 관련하여 학습자들이 영어 학습을 즐기는 대상으로 보게 되었다고 말한다. 그는 '자발적 다독법'의 장점은 장기적으로 점점 높은 수준의 향상이 이루어지는 것을 강조한다. 자발적 다독은 개인적 읽기 영역으로 학습자의 언어 수준을 고려하여 다양하고 흥미 있는 교재를 읽을 수 있고 교실 밖의 읽기 활동이 가능하다.

먼저 수준별 읽기 자료가 다독에 있어 언어사용에 미치는 실험을 실시한 결과, 수준별 분류 교재의 단순화된 문장구조가 학습자로 하여금 그들의 쓰기에서 큰 영향을 주었음을 증명하고 있다.

한편, 교실 밖의 다독은 말하기 능력에 영향을 주며, 토플 성적의 커다란 향상이 있었고, 즐거운 읽기가 언어를 유창하게 되도록 만드는 데 기여하고 있음을 증명하고 있다.

그는 다독과 어휘에 관한 실험에서, 다독의 텍스트와 관련하여 텍스트를 이해하고 학습하려면 적어도 95%의 '어휘친숙도'를 유지해야 된다고 한다.

다독은 학습자가 이전에 보지 못했던 어휘들을 반복적으로 만날 수 있도록 적절한 수준에서 많은 양이 되어야 한다. 그는 다독의 양을 결정하는 2가지 요소로 학습자 '어휘 빈도 수준'과 '단어에 대한 기억력의 지속 시간'을 들고 있다. 이때 학습자의 어휘가 증가하고 새로운 어휘가 낮은 빈도 수를 보이면 다독의 양이 증가될 필요가 있다고 주장하였다. 그는 어휘 빈도 수준과 각각의 단어를 읽기 동안 다시 만나는 데 필요한 평균 단어를 아래 표와 같이 기술하고 있다.

아래 표는 다독을 하는 동안 단어 빈도 수와 반복된 단어 사이의 평균 단어 수를 기술한 것이다. 예를 들어, 어휘 빈도 수가 1,000단어 수준인 글에서는 1,000,000단어 당 단어 빈도 수가 113이며, 10,000개의 단어 당 1개의 단어가 반복적으로 나타남을 의미한다. 이때 학습자의 수준별 읽기 단어 수는 20,000개 수준으로 표시하고 있다.

어휘 빈도 수	단어빈도 수/ 1,000,000 단어	반복된 단어 사이에 있는 평균 단어 수	수준별 읽기 단어 수
1,000 단어 수준	113	10,000개당 1	20,000
1,500 단어 수준	75	13,000개당 1	35,000
2,000 단어 수준	56	20,000개당 1	50,000개까지
3,000 단어 수준	34	30,000개당 1	*
4,000 단어 수준	23	43,000개당 1	*
5,000 단어 수준	16	62,500개당 1	*
6,000 단어 수준	8	125,000개당 1	*

2. 다독은 종합선물 세트

① 다독은 언어 학습에 있어 '이해 가능한 입력'을 제공한다.

크라센(Krashen)은 이와 관련하여, 언어적 요소, 재미있는 내용, 그리고 편안하고 긴장 없는 학습 환경이 포함되어야 한다고 주장한다. 이때 영어에 대한 불안감이나 초조함과 같은 환경 조성은 피해야 한다. 왜냐하면 학습자의 심리적 불안감은 언어 습득에 장애가 되기 때문이다.

② 다독은 학습자의 일반적인 언어능력을 높인다.

다독을 통한 자동적인 단어 인식과 문맥에 맞는 단어의 뜻을 생각하는 습관은 읽기의 자동성을 제공하며 이해력의 향상과 이후에는 말하기, 쓰기 기술 능력까지 향상된다.

③ 학습자의 언어에 대한 많은 경험을 하게 한다.

학습자가 받아들이는 언어가 중요하다. 많은 양의 영어 읽기는 한국어와 영어의 노출 정도 차이를 줄이는 데 필수적이다. 또한 읽기 능력으로부터 다른 언어 기술로 향상이 확대된다. 이것은 다독을 통한 언어 습득이 읽기 이외의 쓰기와 듣기·말하기에도 기여한다는 것을 시사하고 있다.

④ 다독은 어휘에 대한 지식을 증가시킨다.

어휘를 효과적으로 오래 기억할 수 있으려면 문맥과 함께, 단어와 단어의 연결을 눈여겨보며, 글을 읽는 것이 중요하다. 사람들의 기억력은 단순한 단어 암기보다 글의 내용을 통한 단어 학습이 오래가기 때문이다. 다독을 하는 동안 우리가 눈으로 반복적으로 접하는 단어들은 실제 현장에서 활용할 수 있는 유익한 단어실력을 길러 주며, 살아 있는 어휘를 구사하게 해준다.

⑤ 다독은 쓰기의 향상을 가져온다.

영어 능력 가운데 읽기와 쓰기 능력이 가장 많은 상관관계를 갖는다. 읽기는 이해하는 기능이고, 쓰기는 읽기를 바탕으로 표현해 낼 수 있는 능력이다. 따라서 쓰기를 잘 하려면, 많은 읽기가 선행되어야 한다. 이러한 결과는 '다독'에 기초한 읽기가 쓰기 능력 향상에 영향을 준다는 것을 시사해 준다.

단순히 영어 작문하는 기술을 익히려고 하거나, 문법의 틀에 맞추어 글쓰기의 능력을 기를 수 있다고 생각하면 큰 잘못이라는 것을 지적해 주고 싶다. 글쓰기는 창의적이며 논리적으로 전개하는 과정이므로, 읽기과정은 좋은 글쓰기의 밑거름이 된다.

⑥ 다독은 학습자가 읽기를 하도록 강한 동기를 부여한다.

다독을 위한 읽기 자료는 읽기에 대한 동기를 부여하고 학습자의 욕구, 기호 그리고 흥미를 줄 수 있어야 한다. 따라서 학습자에게 친숙한 문학작품이나 흥미 있는 주제를 담고 있는 교재를 사용해야 한다. 이러한 읽기 습관을 규칙적으로 하기 위해 학급 도서의 사용을 권장하는 것이 바람직하다.

⑦ 다독은 이미 배웠던 언어를 더욱 튼튼히 한다.

매우 흥미 있는 내용의 다독은 교실에서 배운 언어를 강화시키고 재구성시킨다. 단계별 읽기 교재는 문법적, 어휘적 부담이 크지 않고 규칙적이고 충분한 새로운 언어 형태를 반복 제공한다. 그러므로 학생들은 자동적으로 필요한 정보가 유지되고, 말하기·쓰기의 유용한 표현이 되도록 언어를 강화시키고 반복하게 된다. 그러므로 언어 능력의 향상이 점진적으로 나타난다.

⑧ 긴 텍스트의 읽기에 대해 자신감을 갖게 한다.

우리가 전통적으로 읽었던 읽기는 짧은 내용 속에서 문법이나 어휘를 강조하거나 여러 가지 읽기 기술이나 전략 속에서 제한된 연습문제를 풀어 보는 것이었다. 그러나 영어를 우리말처럼 유창하게 만들고 싶은 우리에게 그러한 문법연습이나, 단어암기, 연습문제 풀이 행위는 영어를 습득하게 만들지 못하고, 하나의 어렵고 부담스러운 과목으로 만들게 된다.

반면, 재미있고 어렵지 않은 글을 많이 읽다보면, 자신도 모르게 읽기에 자신감이 생기며, 더욱 빠른 속도로 글을 읽을 수 있게 된다. 이렇게 되면 우리 아이들은 더욱 긴 글을 읽는 데 익숙해지며, 소설이나 긴 이야기의 영문을 읽는 데 주저함이 없어진다.

⑨ 교재의 문맥을 최대한으로 이용하며 빠르게 읽기를 한다.

인지심리학의 관점에서 읽기에 관한 두뇌 기능의 연구결과는 주목할 만하다. 연구 결과에 따르면, 일반적으로 느리게 한 단어씩 읽기를 하면 하나의 시각적 표현이 오랫동안 머물기 때문에, 두뇌에 오히려 부담을 준다고 한다. 즉, 아이들이 글의 내용을 이해하는 데 필요한 것 이상의 표현은 좋지 않은 영향을 줄 수 있는 것이다.

문맥의 활용 가능성은 정보를 얻는 중요한 수단으로 보고 있다. 다독을 통한 읽기 방법은 문맥을 활용하여 예측과 추론을 통해 정보를 이해하는 능력을 제공한다.

⑩ 다독은 읽기 과정에서 '예측'하는 기술을 발달시킨다.

읽기 과정에서 요즘 가장 많이 받아들여지는 것 중 하나가 배경지식의 이용인데, 배경지식은 자신이 알고 있는 지식을 기초로 교재의 내용을 예측하는 것이다. 즉 읽기를 하는 동안 이러한 배경지식이 작용하고, 글자에 직접 나타나지 않은 내용을 쉽게 이해하게 한나. 이런 과정은 아이들이 읽기를 하는 동안 그들의 이해를 예측하고 재구성하는 능력을 길러준다.

결국, '자발적 다독법'은 이러한 읽기의 세부기술을 개발시키며, 내용 중심의 읽기 습관에 기여하게 된다. 그러므로 학생들은 자연스럽게 읽기를 하며, 모국어 읽기처럼 즐기게 된다. '자발적 다독법'은 학생들에게 필요한 관련 배경지식을 증대시켜준다.

04

자발적 다독법의
배경

　'자발적 다독법'은 영어 교육을 '의미' 중심의 즐거운 읽기에 익숙하게 만들어 학습자의 흥미 및 동기를 높여 주고 영어 읽기에 대한 긍정적인 태도를 갖게 한다.

　이를 위해서 영어와 한국어 읽기가 사고를 바탕으로 하는 정보습득 과정이라는 면에서 본질적으로 다르지 않다는 인식을 갖게 하는 것이 중요하다. 한국어를 배울 때 우리는 모르는 단어가 나올 때마다 사전을 찾지 않고도 읽기 학습을 잘 수행한다. 왜냐하면, 한국어의 환경에 노출되어 있으므로 영어 습득이 쉽고 점진적으로 일어나기 때문이다.

　영어의 읽기 교육에 있어서도 언어 습득을 위한 환경의 제공은 같은 맥락에서 중요하다. 자발적 다독을 통한 많은 실제성 자료에 접하는 것은 영어 읽기에서 습득 환경을 제공하는 것과 같다. 따라서 우리는 영어 읽기를 할 때도 다음과 같은 질문을 할 수 있다.

　(1) 영어 표현의 이해를 위해 얼마나 자주 사전을 보는가?

(2) 모르는 단어가 나오면 일일이 찾아보는가?

(3) 모르는 단어가 발견될 때 어떻게 하는가?

　이러한 질문을 통하여 한국어 읽기와 영어 읽기에 대한 인식이 같은 맥락에서 접근되도록 노력해야 한다.

　한편 '자발적 다독법'은 많은 양의 유익한 자료를 가지고 읽는 것이다. 교육적인 면에서 학습자가 다양하고, 의미 있고, 재미있는 영어 자료에 노출되어, 결국 그 언어에 대한 구사력에 유익한 결과를 가져온다. 원어민 화자들과 함께 사는 것 다음으로 영어의 능숙도를 습득하는 최고의 방법은 영어 상황 속에서 자발적 다독을 하는 것이다. 왜냐하면 사회·문화적 체험을 통한 언어 학습은 다양한 텍스트를 읽음으로써 가능하며 간접적인 내용과의 교감이 영어 습득 환경을 지속해서 만들어주기 때문이다.

≪총체적 언어학습법≫
총체적 언어학습법은 언어의 네가지 기술인 읽기·쓰기·말하기·듣기를 통합적으로 가르쳐야 한다는 이론으로, 각각의 언어기술을 독립적으로 가르치지 않고, 언어의 네가지 기술들이 상호작용할 수 있도록, 언어와 문화가 상호의존적으로 학습되어야 한다고 주장하며, 문화와 사전지식과 언어가 동시에 학습될 때 의사소통능력이 향상되고, 진정한 언어습득을 이룰 수 있다고 본다. 특히 인본주의의 정신에 바탕을 두고 있으므로 학습자 개개인을 존중하는 학습자 중심의 교육을 강조한다.

① 총체적 언어학습법(Whole Language Approach)의 교육정신이다.

② 외국어로서의 영어(EFL) 상황에서 가장 적합한 영어 습득 방법이라고 할 수 있다. 왜냐하면, 자발적 다독은 우리나라와 같이 교실을 떠나면 영어를 사용하지 않는 EFL 상황에서는 다양한 텍스트의 경험을 통해 가장 효율적으로 언어에 대한 사회·문화적 체험을 할 수 있는 방법이기 때문이다.

③ 수준별로 잘 선정된 책을 읽어감으로써 언어적 능력을 점진적이고 체계적으로 함양할 수 있다.

④ 재미있는 교재를 함께 읽고 토론하며 내용을 공유한다.

⑤ 재미있는 이야기들과 독해자의 배경 지식, 텍스트의 반복된 상호작용으로 새로운 언어를 문맥에서 습득한다.

⑥ 이야기 속의 새로움·놀람·유머 같은 많은 감정적인 요소 등을 통해 내면적인 동기와 흥미를 가져오고 학습에 대한 더 많은 계기를 이루게 된다.

⑦ '즐거움'을 목적으로 하므로, 자신이 책을 선택하고, 흥미 있고, 관심 있는 내용으로 전개되면 좋다.

⑧ 교사는 학습자의 언어 수준을 고려하여 등급별 읽기 교재를 준비하여 학급 문고로 활용하면 정규 교과과정에서 효과적인 다독을 할 수 있다.

⑨ 학습자 개인의 수준을 고려하여 흥미 있는 교재를 선택할 수 있으므로, 인본주의에 입각한 학습자 중심 교육을 할 수 있다. 빠르고, 능숙하게 읽는데, 유창성이란 중단 없이 순조롭게 읽는 것을 의미한다.

05

영어독서를 통한
영어정복의 원리

1. 다독은 이해할 수 있는 내용을 습득하게 한다.

'자발적 다독법'을 하는 동안 먼저 고려할 것은 즐거운 읽기가 가져다주는 장점을 많은 영어 학습자에게 알리고, 긴 내용을 읽는 능력에 대해 자신감을 만들어줄 수 있도록, 쉽고 흥미 있는 읽기를 도와주어야 한다.

크라센(Krashen)의 '입력가설'에 따르면, 언어학습의 이론을 '습득'(Acquisition)과 '학습'(Learning)의 구분에 기초하여 설명하고 있다. 즉 지배적인 언어 학습 양식을 '습득'이라 보고 있으며, 주로 잠재의식적으로 일어난다고 본다. 반면에, '학습'은 의식적으로 구조와 용법 등을 연구하는 것이라고 규정하고 있다.

그러나 그들은 이때 '습득'이 일어나려면, 우선 긴장이 없는 환경에서 문법적인 내용이 아니라 의미 있고 재미있고 관련 있는 많은 양의 학습 자료에 노출되어야 한다고 주장한다. 이러한 자료를 제공하려면, 학습자의 언어 학습 환경 내에서 의미 있고, 실제적인 상호작용이 일어나도록 해야 한다.

여기서 언어 습득의 주요 관심사는 '이해'이다. 학습자는 그들이 접근하는 '내용'으로부터 의미를 도출할 수 있어야 하며, 학습자는 습득에 필요한 자료를 기대하거나 때때로 전개될 내용을 추론해야 한다. '이해할 수 있는 내용'의 양이 증가함에 따라 학습자는 반복적으로 단어·표현·구문·문맥 등에 노출된다.

이러한 과정은 모국어 습득 과정과 매우 유사하다. 그러므로 학습자들에게는 최대한의 '이해할 수 있는 내용'이 제공되어야 한다. 이런 맥락에서 크라센은 다독을 통한 읽기 교육이 언어 습득의 내용을 습득하는 효율적 방법임을 주장한다.

2. 다독은 사고력을 키워준다.

사고력에 바탕을 둔 다독은 읽기를 통한 내용의 전개 능력 증가를 가져온다. 학습자의 배경지식과 책 내용의 상호 작용을 통해 언어 습득의 자동화를 이룰 수 있다.

다독 과정에서 생기는 어휘들은 앞뒤의 문맥으로 인식되는 어휘로서, 개별적인 단어의 의미보다는 전체적인 문맥 속에서 독자가 이해하는 어휘를 말하며, 전체의 글을 읽는 동안 같거나 유사한 단어가 반복적으로 독자에게 인식되면서 이해되는 어휘들이다.

다독을 하는 동안 느린 단어별 또는 음절별 분석은 가급적 삼가해야 한다. 왜냐하면, 분석적, 개별적 어휘 분석은 이야기의 흐름에 방해가 되고 인지적 측면에서의 이해력을 떨어뜨리기 때문이다. 결국 딘이의 자동화는 어휘의 이해를 쉽게 만들어준다.

이렇게 볼 때, 사고력에 바탕을 둔 자발적 다독은 능숙한 읽기에 중요한 역할을 한다고 할 수 있다.

3. 다독은 인간의 감성을 키워준다.

인간의 언어 능력은 그 주체가 인간 개개인이다. 개인으로서의 언어 학습자에게는 학습자의 개성과 같은 내면적 요소가 중요하고, 이러한 내면적 요소란 학습자의 걱정·부정적 심리·내향성-외향성·자기 존중 등과 같은 감성적 측면을 말한다.

이와 관련된 학습활동은 학습자 중심의 감정이입이나 문화적 체험을 위한 역할극·이야기 쓰기·저널 쓰기 등과 같은 교실 내 활동 등을 예로 들 수 있다.

특히 언어 습득과 관련해볼 때 학습자란 정적인 상태에 있는 대상이 아니라, 그들에게 영향을 주는 사회적 상황과 경험에 따라 크게 좌우될 수 있다는 사실을 우리는 명심해야 된다.

> 전인적 인간이란 직관적이고 비유적이고, 창의적이며 미학적인 두 뇌의 우반구가 발달한 유형을 말한다.

언어 습득의 감성적 연구는 1960년 인본주의 심리학의 성장과 함께 발전되어 오다가, 교육가들이 교육적 관점에서 '전인적 인간'(whole person)을 교육하기 위해 시도되었다.

이런 맥락에서 볼 때, '자발적 다독법'이 학습자 중심의 읽기를 강조하고 있는 것을 주목해야 한다. 예를 들어, 의사결정 과정이 학습자 중심으로 읽기 내용과 읽기 수준을 결정해가고 있으며, 학습자스스로 선택한 읽기에 대한 책임감, 협동 기술, 그리고 자기 평가 등을 통해 스스로 자기의 읽기 수준을 비판적으로 향상시킬 수 있다.

4. 다독은 학습에 대한 긍정적인 태도를 갖게 한다.

자발적 다독은 학습자의 관심과 언어 수준에 따라 자발적으로 읽기를 하게 되므로, 우선 내면적으로 긍정적이고 자신 있는 학습 태도를 갖게 한다. 더욱이 학습자의 읽기 태도는 읽기 동안에 내용에 대한 감정 이입이 일어나 다른 문화에 대한 이해를 높여주는 과정은 매우 중요한데, 이러한 감정이입을 위해서 다독의 주제 선정과 내용 선정이 학습자 흥미나 관심 위주로 이루어지는 것이 효과적이다.

다독은 자발적이고 즐거운 읽기의 매우 중요한 요소로서 학습자의 영어 습득 태도에 긍정적인 태도를 가져다 준다.

또한 다독 시에 성공적이고 새로운 경험을 만들려면 부담스러운 교재를 선정하지 않도록 해야 하며, 영어 학습이 재미있고 자신감을 주는 과정이 되도록 읽기에 대한 내면적 욕구를 만들어야 한다.

여기서 우리말 읽기 태도와 영어의 '사전 경험'은 다독과 관련하여 중요하다. 그리고 영어의 문화를 이해하려면 자신의 관심과 흥미 분야를 중심으로 한 자유로운 교재 선택이 도움을 준다. 그러나 자유로이 선택한 교재를 읽기 때문에 목표 문화와 국민에 대해 완벽한 읽기를 한다고 할 수 없다. 이때 교사는 중요한 내용에 대하여는 보충적인 안내를 해주는 것이 필요하다. 그리고 다독 프로그램과 관련하여 볼 때, 긍정적인 교실 환경 속에서 지속적인 읽기 경험은 중요하며, 이때 교사는 적극적이고 모범적으로 수업활동을 도와주어야 한다.

마지막으로 '자발적 다독'은 학생간의 경쟁심을 유도하지 않고, 교사가 권위적으로 평가하는 분위기를 만들지 말아야 한다. 교사나 친구간의 상호 이해와 신뢰적인 학습 분위기가 더 많은 학습 의욕과 읽기에 대한 동기를 키워주기 때문이다.

왜냐하면, 다독 프로그램의 목표가 본질적으로 올바른 정답의 추구에 있는 것이 아니라, 읽기 내용에 대한 개인적 반응에 있기 때문이다. 그러므로 자발적 다독을 위해 긍정적이고 자신감을 주는 학습 태도가 읽기의 성패를 좌우하는 기본 요소가 되며, 학습자의 감성적 측면을 배려하는 요소가 된다고 할 수 있다.

5. 다독은 스스로 책을 읽게 한다.

자발적 다독은 독해자의 관심과 흥미에 따라 교재가 선정되므로, 교사가 획일적인 주제를 읽도록 강요할 때보다 강한 동기와 적극적 읽기를 가져올 수 있다.

자발적 다독이 학습자의 내면적 욕구에 대한 읽기를 한다는 면에서 볼 때 학습자의 읽기에 대한 동기부여는 중요하다.

이를 위해서 교재에는 재미있고 학습자가 이해할 수 있는 단어들이 포함되어야 한다. 또한 학습에 대한 동기 부여를 위해 재미있는 교재가 중요하다.

06

영어독서는
이렇게 하라!

'자발적 다독법'은 정규 교과과정과 특별활동으로서 영어 읽기 수업에 응용할 수 있으며, 학생에게 시험이나 점수에 대한 압박감 없이 빨리 읽고 즐겁게 읽도록 하는 목표를 갖고 있다. 읽기 과정에서는 학생들 자신에 대해서만 경쟁하는 것이 원칙이다.

교사는 학습자가 최대한의 많은 책을 시간 안에 읽을 수 있도록 동기를 부여하고 읽기에 대한 긍정적인 태도를 가질 수 있도록 안내자 역할을 하는 것이 중요하다. 이러한 다독법은 읽기의 '질'보다는 '양'이나 '다양성'에 있고, 책의 내용도 문학적 가치가 많은 책보다는 학생들의 생활에 관한 주제가 그들에게는 매력적이다.

일반적으로 비소설류보다는 소설류가 읽기의 주요 장르가 된다. 왜냐하면, 소설류 같은 문학작품은 독자의 감성지수에 많은 영향을 주고 흥미를 유발하기 때문이다.

1. 교실 밖에서도 가능한 한 많이 읽어야 한다.

학습자 중심으로 선정된 교재는 학습자 스스로 자기의 목표에 따라 읽기를 계속하게 되는데, 교실 밖의 읽기도 하나의 교과 과정 속에 있는 개념이다.

2. 다양한 범주의 주제에 관해 다양한 내용을 읽는다.

다독을 시작할 때 교사는 학습자의 관심과 언어 수준 정도에 맞게 교재를 선정하여 읽기를 지도하므로 학습자의 개인차만큼 다양한 주제를 읽을 수 있다.

3. 학습자가 원하는 것을 고르고, 읽고 싶을 때 읽는다.

교사는 학습자가 원하는 다양한 주제를 학생들 상호간에 많이 읽을 수 있도록 도서 목록을 만들어 읽기 과정을 보며 동료들의 읽기 현황을 쉽게 파악하여, 자기가 읽고 싶은 책의 소재를 파악하고 있으면 독서가 능률적이다.

4. 읽기의 목적은 즐거움·정보·전체적 이해가 되어야 한다.

읽기의 목적은 해석이 아니라 정보 습득이다.

5. 읽기에 관한 즉각적인 평가는 하지 않는다.

왜냐하면, 평가를 위한 읽기는 학생들에게 읽기에 대한 부담감과 부정적인 태도를 갖게 되기 때문이다.

6. 읽기 내용은 학습자의 언어적 능력 범위 안에 있어야 한다.

왜냐하면, 사전을 찾으면 능숙한 읽기가 어려워지기 때문이다. 이는 이야기의 흐름을 끊기지 않고 읽어감으로써 비판적 사고를 증대하기 때문이다.

7. 읽기는 개인적이고 말없이 읽어가는 과정이다.

교사는 학생들이 조용히 속독을 하고 창의적 사고를 계발할 수 있도록 지도하게 된다.

8. 읽기는 끊김 없이 빠른 속도로 이루어져야 한다.

빠른 읽기 속도는 이야기 흐름에 방해가 되지 않는 한 계속 읽어가는 것을 말한다.

9. 교사는 안내자 역할을 한다.

다독 프로그램을 이끌어가면서, 방법을 알려주며 읽기 내용을 가능한 한 많이 읽을 수 있도록 지도한다. 또한 다독의 장점과 내용을 수업 시간 전에 소개하여 다독을 효과적으로 하게 한다. 교사는 일방적으로 가르치는 역할을 하지 않고 학생들이 즐겁게 글을 읽을 수 있도록 안내하는 역할을 한다.

07

영어의
리딩훈련을 하라!

다독은 대개 길고 재미있는 줄거리를 읽어가는 과정이다. 따라서
효율적으로 긴 줄거리를 읽는 방법을 아는 것이 중요하다.

1. 음소인식 훈련을 한다.

독해란, 눈으로만 하는 것으로 착각하기 쉬우나, 읽기라는 과정은
글자에 대한 정보를 눈과 귀가 채집하여 두뇌로 입력하는 것이다.
그러므로 아이들이 글을 읽는 법을 배우기 전에, 어떻게 소리들이
작용하는지 인식하는 것이 필요하다.

특히 우리나라는 글자 하나에 하나의 소리가 대응되나, 영어
는 알파벳 26개로 44개의 소리가 난다. 예를 들어, 같은 'a'라도,
cat(캣)·cake(케이크)·father(파더)·fall(폴)로 소리가 제각각이다. 그러므로
44개의 소리를 훈련시키는 음소인식(Phonemic Awareness) 훈련을 해야
아이들이 혼란스럽지 않고 영어를 쉽고, 빠르게 배울 수 있다.

음소의 지각 능력은 선천적으로 습득되는 것이 아니다. 아이들은
후천적으로 소리를 나타내는 글자와 개념에 노출되면서 음소의 지

사 능력을 습득하게 된다. 하지만 우리나라의 경우, 영어에 자연스럽게 노출될 수 있는 환경이 아니어서 음소지각력을 키울 수 있는 환경을 조성해 주는 것이 좋다.

하지만 영어 음소인식 훈련을 하려면 체계적이고, 무한 반복적이며, 학습자 본인의 노력으로 습득하는 것이 중요한데, 선생님들이 개개인의 아이들에게 직접 음소를 들려주면서 훈련시키기에는 어려움이 있다.

현재 초기 영어의 주파수 훈련부터 음소 훈련·파닉스·어휘력·긴 문단 독해 훈련까지 할 수 있는 프로그램이 국내에 소개되어 있는데 이를 활용하는 것도 좋은 방법이다.

2. 소리 내어 읽는다.

미국국립읽기위원회에 따르면, 가장 좋은 읽기 연습 방법은 소리 내서 읽는 것이라고 한다. 소리 내어 읽는 것은 적절한 곳에서 띄어 읽을 수 있는 훈련이 되기 때문에, 의미 덩어리를 만드는 데 효과적이며, 음소적 지각력도 강화시킬 수 있다. 신경과학자들은 독해란 눈으로만 하는 것으로 착각하기 쉬우나, 읽기라는 과정은 글자에 대한 정보를 눈과 귀가 채집하여, 뇌로 입력하는 것이라고 한다. 그래서 소리 내어 읽게 되면, 눈과 귀의 협업이 잘 이루어져, 효과적으로 문자에 대한 정보를 뇌에 입력할 수 있다.

3. 반복적으로 읽는다.

세 번째 방법은 똑같은 문단이나 짧은 동화를 교사의 도움을 받아 반복적으로 읽게 하는 것이다. 컴퓨터나 녹음기, 부모님의 도움을 받아도 좋다. 아이의 관심이 높은 교재를 일부 발췌해서 몇 분 동안 녹음하여 각 단락을 조금 느린 속도로 들려준다. 그 다음 정해진 시간 내에 읽는 훈련을 한다. 정해진 시간에 읽게 되면, 두뇌에 긴장을 주어 속도를 키울 수도 있고, 정확도를 높일 수 있다.

4. 긴 글을 읽을 때는 학습자가 사전을 찾지 않는다.

읽는 도중에 모르는 단어가 나와도 의미를 추측하는 과정을 통하여 전체 의미 파악을 목표로 읽어 가는 것이 중요하다. 다독을 하는 동안 일부 모르는 단어가 나와도 글의 의미를 파악할 수 있다는 자신감을 심어주어야 한다.

5. 다독을 하는 동안 전체의 내용을 익힌다.

쉽게 전체의 글이 파악되지 않지만, 계속 읽기를 하여 어느 정도 지나면 내용 파악에 있어 문체·어휘·주제·등장인물 등이 익숙하게 된다.

6. 다독은 빠르고 꾸준한 속도로 읽어야 한다.

너무 천천히 읽으면, 한 단락이 끝날 때에, 처음에 읽은 내용을 기억하지 못하게 된다. 만약, 더 빨리 읽지만 전체적인 내용을 파악하지 못하면, 이 책은 독자에게 너무 어려운 책인 것이다. 이때는 더 쉬운 수준의 읽기 책을 선택해야 한다. 따라서 읽기에 앞서 학습자 언어 수준보다 어휘나 통사적인 면에서 쉬운 책의 선정이 중요하다.

08

영어 유창성읽기의
7가지 원리

지금까지 우리는 영어독서의 의의와 방법, 그리고 교재 이용 방법 등을 통해 어떻게 영어를 정복할 수 있는지 알아보았다. 여기서는 읽기를 통한 말하기의 원리를 중심으로 유창한 스피킹을 구사할 수 있는 리딩 훈련법을 소개한다.

1. 영어 강세의 원리를 이해하자

강세를 받는 발음은 일반적으로 소리가 더 강하고, 더 높고, 더 길다. 영어의 강세와 관련하여, 강세 위치가 바뀌면 모음의 질에 변화가 생긴다.

영어의 강세 모음은 완전 모음으로 발음된다. 그러나 강세를 받지 않는 모음들은 철자에 상관없이 약한 모음으로 발음된다. 일반적으로 강세를 받지 않는 모음은 [ə]/어/나 [ɪ]/이/로 발음된다. 예를 들어, ball의 강세를 받으면 [bɔl]/볼/로 발음되지만, balloon에서처럼, ball이 강세를 받지 않으면 [bəlʊn]/벌룬/으로 발음된다.

강세모음과 비강세모음 발음 비교(Dauer 1993:62)

강세모음	비강세 모음
ball/bɔll/	ballon/bəlʊn/
fast/fæst/	breakfast/brɛkfəst/
late/leytl/	chocolate/tsɑklɪt/
men/mɛnl/	women/wimɪn/
social/sowʃall/	society/sɔsayɔti/
recorder/rikɔrdə/	a record/ɔrɛkərd/

그런데 우리의 영어학습자들은 아직도 문자 위주로 글을 보다보니, 단어를 철자 위주로 잘못 이해하는 사람들이 많다.

한편, 영어의 복합어 강세는 첫 번째가 주강세이고 두 번째가 부강세이다.

sun rise (일출)	babysit (아이를 돌보다)
flashlight (전등)	tiptoe (조심스럽게 걷다)
toy car (장난감차)	old-fashioned (구식의)
white house (백악관)	black board (칠판의)
English teacher (영어선생)	light house (등대)

한편 복합어의 경우, 강세가 바뀌면 뜻이 달라지는 경우도 많다. 예를 들면, 다음과 같은 경우이다.

white house(흰 집), black board(검은색 판자)

English teacher(영국인 선생), light house(밝은 집)

이처럼 영어는 강세에 따라 뜻이 바뀔 수 있으니 말하기에 있어서 발음에 주의해야 한다.

2. 명사·동사·형용사·부사는 강하게 읽는다

영어의 문장 강세는 일반적으로 명사·동사·형용사·부사와 같은 내용어는 독립적인 의미를 갖고 강세를 받는다. 예를 들어, flower(명사), play(동사), happy(형용사), quietly(부사) 등은 문장에서 강세를 받는다.

반면 기능어는 관사·전치사·접속사·조동사와 같이 독립적인 뜻이 없이 문장 가운데서 앞 뒤 관계를 맺어 주는 문법적 역할을 전달만 한다. 이런 것들은 강세를 안 받고, 약하게 발음한다. 예를 들어, a/the(관사), for/in(전치사), that/and(접속사), can/will(조동사), you/he(대명사), which/who (관계대명사) 등과 같은 단어들은 문장에서 약하게 읽는다.

다음 문장들을 큰 소리로 읽어 본다. 고딕체는 내용어로 강하게 읽고 나머지는 기능어로 약하게 읽는다. 읽는 동안에 우리는 강약의 리듬을 조금씩 느낄 수 있다.

The room was burning.

(방이 타고 있었다.)

We should help poor people.

(우리는 가난한 사람들을 도와야 한다.)

He had not <u>walked</u> since he was <u>born</u>.

(그는 태어날 때부터 걷지 못했다.)

<u>Buck</u> had never <u>seen</u> <u>dogs</u> <u>fight</u> like these <u>dogs</u>.

(벅은 이 개들처럼 개들이 싸우는 것을 본 적이 없다.)

3. 문장의 마지막 명사나 동사는 강하게 읽는다

영어를 읽을 때 한 문단에 2개 이상의 내용어가 있을 때는 제일 마지막 내용에서 주요 문장 강세를 받는다. 예를 들어, 다음 2개의 문장을 보자.

Jane <u>bought</u> a <u>new</u> <u>car</u> at <u>Creeds</u>

(제인은 크리드에서 새 차를 샀다.)

이 문장에서 5개의 내용어(Jane/ bought/ new/ car/ Creeds)가 나오지만 마지막 내용어인 Creeds를 가장 강하게 읽는다.

Did he give her thr<u>ee</u> D<u>O</u>LLARS for me?

(그는 그녀에게 나를 위해 3달러를 주었니?)

이 문장에서 3개의 내용어(give/ three/ dollars)가 나오는데, 마지막 내용어인 DOLLARS를 가장 강하게 읽는다.

4. 영어는 강세에 따라 움직이는 언어이다

영어는 강세 음절과 무강세 음절이 규칙적으로 반복되어 일정한 리듬을 갖는다. 예를 들어, 다음과 같은 문장을 읽어 보자.

The boy / is interested / in enlarging / his vocabulary.

(소년은 그의 어휘를 늘리는 데 관심이 있다.)

이 문장에서 각 부분마다 내용어(boys/ interested/ enlarging/ vocabulary)는 강하고 길게 읽지만, 기능어(the/ is/ in/ his)는 약하고 짧게 읽는다. 이런 원리로 영어 문장을 읽으면 아래에 나오는 6개의 문장을 읽는 데 걸리는 시간이 음절의 수에 관계없이 비슷하게 되는 것을 경험할 수 있다.

영어는 강세에 따라 리듬을 갖기 때문에 강세 음절과 무강세 음절이 규칙적으로 반복하여 일정한 리듬을 갖는다. 우리가 발음 시에 주의할 것은 영어 원어민은 음절수와 관계없이 내용어를 중심으로 강세를 읽고, 기능어가 많이 포함되어 있더라도 전체 문장을 읽는 데 걸리는 시간이 비슷하다는 것이다.

예를 들어, 다음 문장을 각각 큰 소리로 읽어 본다.

A	B	C
Birds	eat	worms
The birds	eat	worms
The birds	eat	the worms
The birds	will eat	the worms
The birds	will eat	the worms
The birds	will have eaten	the worms

위의 문장들에서 A, B, C, 부분은 내용어를 중심으로 빨리 읽고, 기능어는 약하고 축약된 소리로 발음하기 때문에 전체 문장을 읽는 시간은 거의 비슷하게 되는 것이다. 각 부분에 나오는 단어들은 음절 수에 관계없이 거의 같은 속도로 읽어 가게 된다. 즉 강세 박자 언어에서는 강세를 받는 음절이 일정한 간격을 두고 반복되는 리듬을 탄다. 따라서 영어 문장을 읽는 데 걸리는 시간은 전체 음절 수가 아니라 강세를 받는 음절 수에 의해서 결정된다.

한편 한국어는 음절에 따라 문장이 길거나 짧아진다. 다시 말해서, 문장을 읽는 데 걸리는 시간은 전체 음절 수에 의해 결정된다.

새들은 벌레들을 먹는다. (10음절)

새	들	은	벌	레	들	을	먹	는	다
1	2	3	4	5	6	7	8	9	10

새들은 벌레들을 먹을 것이다. (12음절)

새	들	은	벌	레	들	을	먹	을	것	이	다
1	2	3	4	5	6	7	8	9	10	11	12

한국어 2개의 문장은 2번째 문장이 2음절 많기 때문에 그만큼 길게 읽게 된다. 다시 말해, 음절 수만큼 읽는 시간이 더 걸린다.

5. 사고 단위에 맞게 끊어 읽어라!

예를 들어, 다음 문장들을 읽어 보자.

He told everyone// that she knew the answer.

(그는 모든 사람에게 그녀가 그 답을 알고 있다고 말했다.)

He told everyone that she knew// the answer.

(그는 그녀가 알고 있는 모든 사람에게 그 답을 말했다.)

이 문장들은 어디서 끊어 읽는가에 따라 의미가 달라지고 있다. 따라서 사고단위를 생각하며 끊어 읽는 연습을 하는 것이 중요하다. 각각의 사고 단위마다 고유한 톤을 넣어 읽어야 영어의 맛이 난다.

6. 소리의 높낮이를 구별하자

영어는 인토네이션 언어이다. 따라서 소리 높낮이에 따라 의미가 달라질 수 있다.

영어 문장은 2가지 유형의 인토네이션으로 나누어 읽는다.

첫째, 상승하강(Rising-falling) 인토네이션은 주요 문장 강세를 받는 음절에서 소리가 올라가서 문장이 끝날 때 내려가는 경우이다. 서술문·명령문·의문문의 인토네이션에 해당된다. 예를 들어, 다음의 문장들을 인토네이션을 넣어 큰 소리로 읽어보자.

I want to go to school. (서술문)

(나는 학교에 가고 싶다.)

Give him a pencil. (명령문)

(그에게 연필을 주어라.)

What do you want to play with it? (의문문)

(그것으로 무엇을 하고 싶니?)

둘째, 상승(Rising) 인토네이션은 문장 강세를 받는 음절에서 말소리가 높아져서 문장이 끝날 때까지 계속 올라가는 것을 말한다. 대체로 yes or no로 대답하는 의문문에 쓰인다.

예를 들어, 다음 문장들을 인토네이션을 넣어 큰 소리로 읽어 보자.

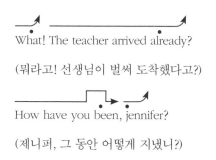

Do you want to go to school?

(학교에 가고 싶니?)

그밖에 놀라움이나, 호칭을 부를 때도 쓰인다.

What! The teacher arrived already?

(뭐라고! 선생님이 벌써 도착했다고?)

How have you been, jennifer?

(제니퍼, 그 동안 어떻게 지냈니?)

한편, 복합문의 인토네이션법은 두 개가 음조 단위에 따라 읽는다. 일반적으로 상승하강(Rising-falling) 억양이 주로 쓰인다. 다시 말해, 앞에 오는 절에서 인토네이션은 주요 문자 강세를 받는 단어에서 상승하다 하강한다.

예를 들어, 다음 문장들을 인토네이션을 넣어 큰 소리로 읽어 보자.

When mary left the building// it was raining.

(메리가 건물을 떠났을 때, 비가 오고 있었다.)

The teacher you say you met yesterday// has left the school.

(당시 어제 만났다고 말한 선생님이 학교로 떠났다.)

After we have lunch// we'll go to the park.

(우리는 점심을 먹은 후에 공원에 갈 것이다.)

다음은 부가의문문에 대해 알아보자.

부가의문문은 상대방의 대답을 기대할 때는 상승 하강 인토네이션으로 말하고, 단지 몰라서 질문하는 경우는 상승 인토네이션으로 말한다.

예를 들어, 다음 문장들을 인토네이션을 넣어 큰 소리로 읽어 보자.

Jane is beautiful, isn't she?

(제인은 아름답다. 그렇지?) (확신할 때)

Jane is beautiful, isn't she?

(제인은 아름답다. 그렇지 않니?) (단지 물어 볼 때)

그리고 선택의문문 같은 문장은 앞의 말을 올리고 뒤의 말은 내린다.

예를 들어, 다음 문장을 인토네이션을 넣어 큰 소리로 읽어 보자.

Do you want some milk or coffee?

7. 연음을 통해 발성훈련을 하자

연속적인 단어들의 발음하기는 영어를 유창하게 듣고, 말하는데 매우 중요한 훈련이다. 원어민의 발음을 그대로 말하고 듣는 것이 어려운 것은 이러한 연음 훈련이 부족하기 때문이다.

연음이란 발음을 부드럽고 쉽게 하기 위하여 앞뒤에 오는 단어를 함께 연속하여 발음하는 것이다. 단어와 단어 사이에 연결되는 소리들을 큰 소리로 발음해 보고 그 소리에 귀를 기울여 보자.

먼저, 단어 수준의 연음은 자음과 모음의 연음이다. 앞 단어가 자음으로 끝나고 그 다음 단어가 모음으로 시작하면 앞 단어의 마지막 자음은 뒤에 따라오는 모음에 연음되어 그 단어의 첫 음처럼 발음된다. 다음의 단어들을 큰 소리로 읽어 보자.

pu/sh up,   se/t up,   sto/p it,   ge/t up

다음은 앞 단어나 음절이 자음 군으로 끝나고 그 다음 단어가 모음으로 시작하는 경우이다.

이때 이전 자음군의 마지막 자음은 뒤에 오는 모음에 연음되어 그 단어의 첫 음처럼 발음된다.

다음의 연음현상을 큰소리로 읽어 본다.

fin/**d out**   [faɪn **daʊt**]

firs/**t o/f all**   [fəs **tə vɔl**]

love/**s it**   [ləv **zɪt**]

영어 문장을 읽다보면 수많은 연음 발음 환경에 부딪히게 되는데, 그 중에 다음과 같은 경우도 자주 접하게 된다. 다음과 같이, 앞뒤의 자음들이 서로 같은 자음으로 연결될 때 길게 발음이 된다.

They help : paul

Mary served : dinner

The birds : sing

이렇게 영어는 다양한 소리 환경 속에서 연음을 하게 되는데, 영어 스피킹과 리스닝을 잘하기 위해 꼭 연습해야 하는 과정이다.

특히, 여러 개의 단어로 이루어진 구가 연음되어 마치 한 단어처럼 발음되는 경우가 많은데 다음의 예를 보기로 하자. 왼쪽과 오른쪽에 나오는 단어들의 발음이 마치 같은 것처럼 들리는 것을 경험할 수 있다.

let her	letter
Paula praised	Paul appraised
plan it	planet
All of her seams ripped	Oliver seems ripped.

(Bowen, 1975)

마지막으로, 일상생활에서 많이 쓰이는 연음을 익혀 두어 편리하게 활용하도록 하자.

◆ want to → wanna

　I want to have a pen. (나는 펜을 갖고 싶다.)

◆ going to → gonna

　I am going to leave. (나는 떠나려고 한다.)

◆ got to → gotta

　I've got to leave. (나는 떠나야 했다.)

◆ have to → hafta

　I have to go right away. (나는 즉시 가야 한다.)

◆ has to → hasta

　She has to tell me about it. (그녀는 그것에 대해 나에게 말해야 한다.)

◆ ought to → oughta

　She ought to try. (그녀는 시도해야 한다.)

영어의 리딩은 위의 발음의 일반적 규칙을 토대로 반복하며 읽음으로써 영어 원어민의 소리를 읽히면 유창한 영어를 구사할 수 있다. 보통 쉐도우 스피킹(Shadow Speaking)이 영어 스피킹 훈련의 좋은 방법이 되는데, 쉐도우 스피킹이란 원어민이 말하는 소리를 들으며 그림자처럼 따라 말하는 말하기 기법을 말한다. 이 쉐도우 스피킹은 청취력 향상과 유창한 스피킹 능력을 키우는 데 매우 도움이 된다.

8. 단계별 리딩훈련

다음의 내용을 큰 소리로 읽어 본다. 의미 중심의 끊어 읽기와 내용어 중심의 강세원칙에 따라 읽는다. 여러분은 자신도 모르게 영어 읽기에 대한 리듬을 알게 되며, 빠른 속도로 읽는 법을 터득하게 된다. 고딕체 부분은 내용어를 나타내며, // 표시는 의미 단위를 나타내고 있다.

1단계 : The Adventures of Tom Sawyer

In August// Becky's family came back// from their vacation. Tom was very happy// and he didn't think //about Injun Joe's treasure. Becky's adventure day// was Saturday. Her mother said, "You can sleep //at Susy Harper's house //after your adventure."
"Good," Becky said.

Becky and her friends// went on the river //on a big boat. The boat went down the river// and across it. Then it stopped. The children went out of the boat// and played games near the river. In the afternoon// one boy asked, "Who wants to go// to the big cave?"
(Source: Penguin Readers Series/ p.17)

2단계: 'Black Beauty'

John taught him //to be kind //to horse, and he helped John// to groom me.

After two or three days//, I pulled a carriage// with Ginger. I was afraid of her. She put her ears back// when they took me across to her. But she didn't move //when they harnessed me// next to her.

John drove us//, and we worked very well. Ginger worked well She pulled as hard as me, and she also liked going more quickly. Many horses only go fast// when the driver hits them// with his whip. Ginger and I went fast// when the driver wanted us to go fast. We went as fast as we could. John didn't like the whip//, and he never whipped us. We worked hard for him.
(Source: Penguin Readers Series/ p.8)

3단계: The Boxers

Clerk: Call Mr Robert Woods.

[Robert Woods comes *into the* court// *and* goes *to the* witness box.]

Prosecution [*standing*]:What do you do//, Mr. Woods?

Robert Woods [*Speaking fast*]:I own a number of flats. Mrs. Radman lives in one of them.

Prosecution: Does Mrs. Radman always pay her rent// on time?

Robert Woods: No. Last year// she didn't pay anything// for six months. I went to see her// in early December. I wanted the money//-or the flat. I was ready// to go to court.

Prosecution: And what did the defendant reply?

Robert Woods [*looking worried*]: She started to cry. She said, 'Oh no, not court. I'll lose everything.'

Prosecution [*smiling*]:Thank you. Your witness//, Mr. Giles. [Hesitsdown.]

(Source: Penguin Readers Series/ p.8)

4단계: The Dream

Mr Beaseley was fifty. As he washed,// he examined his face// in the mirror. 'I'm older//,' he thought. 'But what do I care? I don't care//, even if Maria does. And She's getting old, too!'

He finished dressing// and hurried down stairs. He thought anxiously// that he was probably late// for breakfast.

Immediately after breakfast// he had to open his shop//, and that always kept him busy// until ten o'ock// at night. He never made much money//, although he worked so hard. Sometimes, during the day, Maria Beaselry came into the shop// and

explained the mistakes// that he was making. She did this//
even when there were customers there.
(Source: Penguin Readers Series/ p.19)

5단계 : Ghost Stories

Suddenly// he heard the sound of footsteps// on the hillside
//above him. He shouted//, and a voice answered him// in
Welsh. From out of the mist// came an old man// with a huge
dog// by his side. Although the man was old//, he stood straight
and tall. He wore a heavy cloak// of dark cloth// that came
down to his ankles. He wore no hat// and his hair was long and
white. His big red face shone// with kindness.

The old man spoke again// in Welsh. Giles made signs// to
show that he did not understand. The old man smiled kindly. 'I'
m lost,' said Giles, making more signs. 'I want to go// to Fablan
Fawr.' The old man seemed to understand. 'Fablan Fawr,' he
repeated several times//, and smiled again. Then he felt inside
his long cloak// and pulled out a map. He spread the map out
on a stone// in front of him.

(Source: Oxford Bookworms Library/ p. 38.)

Elizabeth was sitting by herself// the next morning, writing to Jane//, while Mrs Collins and Maria were shopping// in the villages. She heard the doorbell ring//, and knew that meant a visitor had arrived//, but she was greatly surprised// when Mr Darcy, and Mr Darcy only//, was shown// into the room.

He seemed astonished too//, on finding her alone. 'I apologize for disturbing you//, Miss Bennet.// I understand //that all the ladies were at home.' 'Please don't apologize, Mr Darcy. I hope// Lady Catherine and her daughter are well?' 'Very well,// thank you.' He said no more. As he seemed in danger of sinking// into total silence, Elizabeth had to think of something to say. She remarked//, 'How very suddenly// you all left Netherfield// last November, Mr Darcy! I hope// Mr Bingley and his sisters were well//, when you left London?' 'Perfectly, thank you.' That was all the answer// he gave. 'I think// I have heard// that Mr Bingley has not much idea ever// returning to Netherfield again?' 'It is probable// that he will spend very little of his time// in the future. He has many friends elsewhere.'

(Source: Oxford Bookworms Library/ p.56)

09
영어독서지도사의 역할은 무엇인가?

교사는 다독 프로그램에서 안내자로서 역할이 중요하며, 학습자 중심의 읽기를 하다 보면 교사의 역할이 중요하지 않게 보이지만, 교사의 역할은 다음과 같은 이유에서 중요하다.

1. 교사는 학습자의 참여를 독려한다.

자발적 다독은 독서 일기, 책 제목 정리 등과 같은 많은 노력이 필요하므로, 다독법의 관리나 시행에 학생이 적극적인 역할을 해야 한다.

2. 교사는 안내자 역할을 한다.

교사와 학생이 정기적으로 만나는 것은 학생이 읽기에 대해 동기를 갖게 되는 계기가 된다. 이것은 읽기에 있어 개인 발전에 대한 점검과 많은 읽기를 독려할 수 있는 기회를 제공한다. 또한 책에 대한 관심을 보여주고, 책의 제목을 고를 때 안내를 해주게 된다. 교사가 읽기에 적극적인 모습을 보여줌으로써, 읽기에 대한 적극적 태도를 보어주고 읽기를 즐거운 활농으로 만들어 주게 된다.

3. 독서내용의 발표는 중요하다.

책에 관한 짧은 발표는 '자발적 다독법'에 중요한 역할을 하고, 책에 관한 정보를 교환하며 구두 발표의 중요성을 깨닫게 한다. 학습자들의 이야기에서 그들 스스로 선택한 교재가 교사가 추천해준 책이 아니라 친구들이 추천해준 책이 될 수도 있다. 이것은 올바른 준비와 격려 그리고 읽기에 대한 주인 의식이 있다면, '자발적 다독법'은 학생들이 스스로 다스리는 방향과 목표를 이룰 수 있고, 학생들의 독립심과 자립심을 증진시킬 수 있다.

4. 쓰기는 읽은 내용을 정리해 준다.

효과적인 읽기는 독해자의 사고 형성에 기여하고, 읽기의 능숙도를 갖게 하는 것이다. 다독이 쓰기에 적용될 때 몇 가지 절차가 있다.

초급 수준에서는 책의 내용에 대해 즐긴 내용을 간단히 써보게 하거나, 그들이 질문하고 싶은 내용을 기록하게 한다.

중급 수준에서는 책의 내용에 대한 보고서를 사용하고, 새로운 어휘를 사용하여 주요 등장인물과 사건을 기록하게 한다. 이 단계에서는 요약하기도 좋은 방법이다. 왜냐하면, 학습자는 책의 주요 사실적이거나 허구적인 내용뿐만 아니라 그것을 표현하기 위한 문법, 어휘도 충분히 통제할 수 있기 때문이다.

고급단계에서는 에세이 식의 긴 작문을 하게 되는데, 여기서는 어휘나 문법, 그리고 수사적 표현 등에서 언어적으로 높은 수준의 내용을 요구할 수 있다.

5. 멀티미디어 프로그램을 적절히 사용하자.

큰소리 읽기를 위해 멀티미디어를 널리 이용하면 효과적이다.

듣기 자료는 단어 인식에 도움을 주는 올바른 발음의 모델을 제공하고 학습자에게 다른 악센트, 발화, 억양 등을 제공한다.

학습자는 자연스러운 언어를 생산하고 녹음된 발화자의 목소리와 함께 읽는 능력에 대한 자신감 때문에, 언어를 학습하는 동기를 꾸준히 유지하며, 이러한 듣기자료는 읽기에 대해 이야기하는 매체로 잘 활용될 수 있다. 그렇게 되면 음성 언어로 생각하므로 듣기 훈련에도 도움이 된다.

또한 요즘에는 읽기와 관련된 컴퓨터 프로그램도 많이 개발되고 있다. 앞서 소개한 멀티미디어 프로그램을 사용할 경우, 카세트를 이용하여 멈추었다 감았다 하지 않아도 마우스로 버튼 하나만 누르면, 전문 성우의 실감나는 낭독을 들을 수 있고, 단어별 발음도 들을 수 있어 효과적이다. 또한 최첨단 음성인식 기술을 활용하여, 잘못된 발음을 프로그램이 실시간으로 교정까지 해준다.

이런 프로그램의 가장 큰 장점은 자신의 음성을 직접 녹음도 할 수 있어서 읽기에 대한 흥미를 기를 수 있을 뿐만 아니라, 읽기와 동시에 듣기와 밀하기 학습으로도 자연스럽게 연결된다는 점이다.

컴퓨터 읽기 프로그램은 오디오나 오프라인 책보다 능동적인 독자가 되고, 더 효과적으로 학습할 수 있도록 도와줄 것이다.

6. 시험에 의한 평가는 금물이다.

"즐거운 읽기"를 위하여 스트레스를 유발시키는 시험은 피하고 독서 일기를 정리하는 것이 좋다. 교사의 강요에 의한 의무감에서 읽기가 시작되어서는 안 된다.

시험은 본질적으로 학습 과정에서 경직성으로 나타나며 즐거운 읽기와는 배치된다.

7. 사전 없이 읽는 훈련이 중요하다.

모르는 단어가 나올 때마다 사전을 보면, 언어 자체에만 초점을 두게 되고, 전달 내용에는 초점을 둘 수 없다. 이러한 습관은 느리고, 비효율적인 읽기를 초래하여 읽기가 의도하는 즐거움을 주지 못한다.

피카드(Pickard) 라는 언어학자는 의미에 초점을 두고 사전의 사용은 자제해야 한다고 주장한다. 만약 사전을 지나치게 찾아야 하는 책이라면, "자발적 다독법"에 맞지 않는 책이다.

8. 교사는 학습자의 읽기과정을 지도한다.

다독 프로그램을 효과적으로 하려면 효과적인 감시가 필요하다.

예를 들어, 책의 제목을 기록하게 하고, 학급도서를 운영할 경우, 책을 빌리고 반납하는 날짜를 기록하는 도서카드 제도가 그 예이다.

지도 과정에서 나오는 정보는 학습자의 발전 단계를 기록하고, 읽고 있는 책 제목을 알 수 있고, 새로운 책을 고를 때마다 중요한 참고자료가 된다. 학급 문고의 새로운 제목을 고르는 데 도움을 줄 수 있다.

이런 과정은 학습자의 욕구나 동기를 적극적으로 유도하여, 읽기를 관리하는 교사에게 만족감을 줄 수 있다.

9. 영어 발음의 원리를 이해하자.

앞서 설명한 것처럼, '읽기'란 눈과 귀의 협동 작업이다. 그렇기 때문에 정확한 발음을 알지 못하면, 그것을 추측하는 데에 많은 에너지를 쓰게 되어, 내용을 이해하는 데 방해가 된다. 결론적으로 발음을 잘 모르면 이해력이 떨어지게 되는 것이다. 그렇기 때문에 영어 읽기 지도하는데 있어, 학생들이 잘못된 방식으로 무조건 읽는 것은 아닌지 살펴보아야 한다. 그리고 학생이 어떤 단어의 발음을 어려워하거나, 틀리게 읽게 되면 즉각적으로 교정해 준다.

여기서 중요한 점은 그 즉시 교정을 해야 한다는 것인데, 두뇌는 피드백(feedback)을 통해서 점차 강화되기 때문에, 실시간 교정해 주는 것이 학습에 도움이 된다.

10. 멀티미디어를 이용하면 도움이 된다.

이것은 다독 프로그램에서 가장 중요한 부분 중 하나이다. 교사는 멀티미디어를 통해 학습자들이 즐기며 배울 수 있게 해야 한다. 이때 비디오·오디오·CD ROM·영화들을 이용하여 재미있는 이야기를 들려주거나, 책에 근거한 연극을 도입하거나 포스터·도서 자료 등을 통해 효과를 높일 수 있다.

10

독서 일기를 쓰며
상상력을 키워라!

다독을 하는 동안 영어 학습 내용을 생각하고 정리해 보는 것이 바로 독서 일기이다.

이 독서 일기는 읽기가 한 번 끝날 때마다 책의 줄거리 요약, 문법이나 어휘 정리, 느낀 점 등을 자유롭게 써가는 것이다. 이것은 학습자들이 마음껏 느끼고 생각한 것을 작성하는 것이 중요하다.

아래 표는 독서 일기 양식을 보여주는 것으로, 책의 제목·읽기 날짜·읽은 시간·내용 및 줄거리·어휘나 문법 등의 언어적 요소 그리고 비고에는 독해자의 읽은 후 소감이나 느낌 등이 표현된다.

제목

일자	시간	내용	언어적 요소	비고

독서일기는 읽은 내용의 기억과 정리를 위하여 매일 쓰도록 하며, 독서를 하고 나서 읽은 총시간과 내용을 기록하게 한다. 내용 란에는 이야기의 줄거리를 기록하도록 한다.

대부분의 경우 처음에는 책의 내용을 해석하듯이 표현하다가 점점 자신의 생각을 바탕으로 내용을 요약하는 학생들이 많아진다. 또한 처음에는 한글로 시작했으나 영어로 요약을 하는 학생들도 증가하기 시작한다.

문법 같은 언어적 요소에는 글의 흐름에 방해가 되지 않도록 읽기를 끝내고 쓰도록 한다. 어휘나 구문의 어려운 표현을 주로 기록하고, 모르는 표현과 궁금한 내용은 공란으로 남겨 교사의 도움을 받을 수 있도록 한다. 다독을 하는 동안은 원칙적으로 사전을 참조하지 않도록 하였는데, 이것은 사전을 사용하면 글의 흐름에 단절을 가져오고 읽기 속도를 느리게 하기 때문이다.

11

다독은 이렇게
하면 완성된다!

1. 내용 위주로 읽어라!

다독을 하는 동안 교사는 내용 위주로 학습자가 글을 읽을 수 있도록 한다. 구문이나 어휘에 대한 엄격한 간섭을 하지 않으며, 교사는 읽기의 안내자가 되어 올바른 지도를 해 나간다.

2. 자유로운 토론을 하라!

학생들은 글에 점차 익숙해감에 따라 이야기 속의 사건, 등장인물, 익숙하지 않은 언어 표현 등에 관해서, 학생들끼리 자유로이 토론을 하게 한다. 토론은 각 그룹을 4명씩을 1조로 하여 각자 읽은 작품을 토론하고, 이해가 안 가는 언어적 문제는 교사에게 질문할 수 있도록 한다. 그러므로 영어에 대한 읽기는 흥미라는 관점에서 이루어지고, 문법·구문 중심의 강의는 이루어지지 않는다.

3. 가능한 한 많이 읽어라!

1주일 동안에 읽을 독서량은 최소한의 양만 제시한다. 다독의 평가는 읽기 수준과 읽은 양으로 평가한다는 사실을 학생들에게 주지시키고 가능한 많은 양의 책을 읽도록 독려한다.

4. 함께 토론을 하라!

책의 순서가 가능한 비슷한 학생들끼리 조를 만들어서 내용을 서로 상의하거나 토론할 수 있도록 한다. 이해가 안 가는 부분이 나오면 각 조의 친구들과 토론을 하며 정답을 확인하게 되며, 그래도 모르는 부분이 있으면 교사와 함께 문제를 해결하도록 한다.

5. 독서일기를 써라!

학생들이 내용을 정리하며 토론하는 동안 정리한 학생들의 독서일기를 점검한다. 문법 요소에 대한 질문과 내용에 대해 대답해주고 그 중 중요한 구문과 어휘 용례에 대한 설명은 전체적으로 자세히 설명해 준다.

6. 학급도서를 운영하라!

학급도서는 단계별 읽기자료 목록을 학기가 시작하기 전에 학생들에게 단계별 목록과 요약된 내용을 먼저 보여주고 나서 학생들이 관심 있는 책을 고르도록 유도한다.

대부분 출판사는 단계별 읽기자료 목록과 내용 요약 책자가 다 있기 때문에 이를 활용하는 것이 효과적이다.

미국 국립 읽기 위원회의 교육

음소인식(Phonemic Awareness) 지도

▼

파닉스(Phonics) 지도

▼

유창성(Fluency) 지도

▼

어휘(Vocabulary)지도

▼

독해(Text Comprehension) 지도

한달에 한 번은 학급 도서에 있는 책 중에서 흥미 있고 널리 알려진 작품을 선정하여 전체적으로 수업을 해본다. 이 모델 수업은 50분으로 구성되어 있으며, 미리 읽어오게 하고 나서 작품을 전체적으로 감상할 수 있도록 구성한다.

먼저 10분 동안에는 작품의 내용 줄거리와 작가에 대한 요약문을 배부하고 나서 개요를 설명한다. 25분 동안은 책의 끝에 있는 이해력 연습 문제를 통하여 문제를 해결하며 주요 등장인물, 사건, 이야기 배경, 그리고 학생들의 의견을 듣고 토론하게 된다. 마지막 15분은 작품에 많이 쓰이는 표현과 구문을 정리하여 가르치고 이야기 전체에서 중요한 단락을 선정하여 큰 소리 읽기를 하게 하고 나서 글의 해설과 작품 전체에 주는 의미 등을 설명하며 수업을 마치게 된다.

자발적 다독을 끝내고 나서 독서 일기 마지막 부분에 자발적 다독에 대한 후기를 간단히 쓰도록 한다. 대부분의 학습자들은 자신들이 주도한 학습 과정에 대단한 만족을 느끼며 영어에 대한 자신감을 느끼게 된다.

필자가 다독 프로그램을 하고 나서 학생들에게 이 프로그램에 대하여 느낀 바를 쓰도록 한 적이 있다. 후기의 내용을 요약해 보면, "영어읽기에 대한 부담감이 적어졌다", "영어 읽기 습관이 생겨 영어 독서를 많이 하게 되었다", "영어로 된 자료에 많은 관심을 갖게 되었다", "영어 읽기 속도가 빨라지고 이해력이 좋아졌다" 등과 같은 영어 학습의 긍정적인 측면을 볼 수 있었다.

12

영어 독서는
영어를 완성시킨다

'자발적 다독법'은 인지적·감성적·언어적 측면에서 우수한 학습법이다.

단어 이해와 읽기에 대한 긍정적인 동기와 태도의 형성, 그리고 읽기 능력 향상에 있어서도 우수하다.

우수한 단어 인식은 다독을 하는 동안 잠재의식적으로 어휘가 습득되는 것을 말하며, 의미 중심으로 빠르게 읽는 것을 말한다. 특히 독서가 중요한 이유는 학습자의 배경지식은 텍스트의 개념과 상호 작용이 읽기의 이해력의 증대를 가져오기 때문이다.

또한 글의 이해에 필요한 기억 시간을 오래 유지시켜줄 수 있어 이해력에 크게 기여할 수 있다.

다음은 감성적 측면으로, 정보와 즐거움을 위하여 읽기를 하는 가운데, 개인적인 만족감과 읽기에 대한 보상을 받을 수 있다. 읽기에 대한 동기가 증대되며, 성공적인 읽기 경험은 태도 면에서도 읽기에 대한 자신감을 갖게 된다. 그리고 사회·문화적인 체험을 반복적으로 경험함으로써, 텍스트에 대한 더 깊은 이해를 할 수 있다.

끝으로, '자발적 다독법'은 한국어 능력의 향상과 같은 원리로 언어능력이 향상된다. 우선 영어에 대한 읽기 능력이 한국어처럼 향상된다. 즉 읽기에 대한 거부감이 없이, 즐거운 읽기를 할 수 있으므로 긍정적인 읽기 태도와 전반적인 의사소통능력의 향상을 기대할 수 있다. 또한, 그러므로 '자발적 다독법'은 영어를 외국어로 배우는 우리나라 영어 학습자들에게 언어 습득의 기회와 환경을 제공하는 최고의 방법이라 할 수 있다.

13

혁신적인
영어교육이 필요하다

　다독 수업이 학생들에게 단어를 외우게 하지도 않고 문장 구문 분석이나 정확한 해석 연습을 가르치지 않는다. 그러나 무엇이 영어학습의 옳은 길인가는 어느 정도 기다려 보면 그 정체가 서서히 나타난다. 그러니 초초해하지 말고 느긋한 자세가 중요하다.

　예를 들어, 우리말 번역을 억지로 하지 않고 영어를 상황에 맞는 내용으로 그대로 읽어 가면 그 읽기 상황이 점점 명료해지고 분명해진다. 이것이 영어 읽기의 본질이다. 그러므로 느긋한 자세와 여유가 필요하다.

　지금까지는 눈으로 급하게 결과를 보고 싶어 하는 마음이 앞서다 보니, 학생이나 선생님, 그리고 학부모까지도 영어 점수 올리는 데만 혈안이 되어 있었다. 결과적으로 영어는 성과를 올릴 수 없었고, 고작해야 영어성적 올리는 것이 전부였다. 그리고 곧 노력한 시간과 노력에 대해 공허함과 후회를 느끼게 되었다.

　그러면서도 우리는 그것의 올바른 해답을 구하지 못하고 다른 길에서 무언가를 찾고 있었다. 영어 학원, 학습지, 인터넷 학습 등 있는 빙법이라곤 모두 다 시도해 보았다. 그러나 여러분 스스로에게 물어 보라! 여러분의 마음 한 구석 한 구석까지 시원스럽게 해결해 주는 방법이 있었는지!

사전이나 문법 영어 강좌를 이용한 이런 매체들은 당장 눈앞에선 영어학습의 빠른 길처럼 보이지만, 어느 하나도 단단한 디딤돌이 되지 못한다. 그런 길은 가까워 보이지만 불완전한, 어쩌면 출구도 없는 길인지도 모른다. 그러니 좀 돌아가는 것 같지만 탄탄하고 정확한 길을 찾아 가도록 하자!

이제 우리는 영어교육의 사활을 걸고 마지막 비상구를 찾아야 한다. 어쩌면 우리에게 이번이 처음이자 마지막일지 모른다는 필사적인 자세로 승부를 걸어 볼 때가 된 것이다.

1. 자신에 맞는 교재를 골라라!

교재 선정에서 그 기준이 되는 첫 번째는 읽기 자료가 자연스러운 원어민들의 영어로 쓰이는지에 관한 것이다.

영어 읽기 교육에서 '실제성'이란 원어민 화자에 의한 원어민 화자를 위한 '실제 자료'를 읽는 것을 말하며, 사실적인 상황에서 사용되는 사실적인 언어를 의미한다. 실제성 자료를 사용할 때, 영어 학습의 목적이 원어민 화자의 사상과 문화의 이해인지에 대해 생각해야 한다.

이때 내용이 어려운 교재는 많은 시간이 소요될 뿐만 아니라, 흥미와 관심을 반감시키므로 많은 양의 읽기를 해야 하는 다독을 하는 데 방해를 줄 수 있다.

그럴 경우에는 오히려 흥미 있는 수준별 자료로서의 단순화된 교재가 이해할 수 있는 내용을 제공할 수 있고 영어 기술 연습과 자신감을 통해 실제성 자료를 능숙하게 읽도록 만들어 준다는 점에서 자발적 다독의 교재는 영어 학습자의 영어 수준과 관심을 고려한 단순하게 재구성된 교재가 바람직하다. 그러므로 영어 교육에 있어, 실제성 교재는 재미있고, 몰입할 수 있고, 문화적으로 공감할 수 있는 동기가 부여될 수 있는 교재가 바람직한 것이다.

2. 자신의 수준에 맞는 책을 읽어라!

외국어로서의 영어를 효과적으로 학습하려면, 영어를 사용하는 표현과 문화를 알아야 한다. 외국어 학습도 원어민 화자의 의사소통 행위를 배우는 것이다.

그러나 여기서 주의할 것은 외국어 학습자는 일반적으로 비영어권에 속하므로, 그들에게 이해되는 상황은 학습자의 언어와 문화 경험으로부터 재구성될 수 있기 때문이다. 즉 외국어 학습자들은 원어민 화자의 언어 사용의 상황을 그대로 재생할 수는 없다. 교사의 경우도 외국어로서의 교육 상황에서 같은 경험을 갖고 있으므로, 이런 의미에서 자동성은 영어 학습자에게 맞게 재구성된 교재가 될 수 있다.

3. 수준별로 읽어라!

일반적으로 실제성 자료가 인위적 자료보다 학습자에게 많은 동기를 제공하는 이유는, 학습자에게 영어권 문화에 더 근접하기 때문이다. 이것은 다소 어렵지만 실용적이고, 유익한 정보를 많이 주며 재미있다. 이때 주의할 것은 학습자 수준에 맞는 단어나 내용이 포함된 자료의 선택이다. 영어권 문화와 영어 표현을 그대로 담고 있으며 단어 수준이나 영어구문이 알맞게 구성된 읽기자료가 바로 수준별 읽기자료인 것이다.

4. 흥미로운 책을 읽어라!

학습자의 정서적이고 흥미에 대한 반응이 읽기에 중요한 요소가 된다. 여기서 수준별 읽기자료가 갖추어야 할 요소를 알아본다.

1. 교재는 실제 생활의 의사전달 목적이 있어야 한다. 따라서 단계별 읽기자료를 통한 영어식 표현과 문화의 이해가 영어학습의 목적이 되어야 한다.
2. 교재는 동기를 주고 흥미롭고 문화적으로 비슷한 것이 좋다. 즉 학습자의 욕구와 목적에 맞아야 한다. 그러므로 학습자 중심이며, 영어 학습에 대한 흥미를 가질 수 있는 내용이어야 한다.
3. 주제 면에서 학습자의 흥미와 관심을 불러일으키는 교재가 좋다.

14

성공적인
영어다독 6계명

다독의 성공을 위해 마음껏 책을 읽을 수 있는 환경을 만들어 주는 것이 중요하다.

1. 많이 읽도록 유도하라!

다독은 읽기의 초보자이건 고수이건 가능한 한 많은 양의 읽기를 하도록 하는 것이 중요하다. 그렇다면 책을 몇 권이나 갖추면 좋을까?

만약 학교나 영어교육 기관에서 40명 정도를 1년간 지도한다면 1권 당 5,000원 잡아 300~400권 정도로 운영할 수 있다. 비용을 계산해 보면 2백만 원 정도로 충분하다.

독서 목표와 시간은 해석 위주의 읽기를 못할 만큼 길어야 한다. 이를 위하여 다독을 통한 빠른 읽기를 위해 목표 시간을 두고 운영하면 능률적이다.

읽기 목표나 읽기 시간은 학습자의 수준에 따라 다소 차이는 있지만, 일반적으로 제시되는 양은 다음과 같다.

(1) 1시간당 30쪽 정도

(2) 1주일당 50쪽 정도

(3) 1년에 60권 정도

위에서 제시된 읽기의 양은 지금까지 학교나 학원에서 읽은 양에 비해 매우 많은 분량이다. 지금까지 1시간에 2~3쪽의 양을 단어별이나 문장별로 해석하는 방법을 사용하여 왔지만, 이제는 내용을 즐기며 빨리 읽는 연습이 필요하다.

2. 독서 일기로 평가하라!

시험지 평가는 피하라! 아이들이 느낀 대로 글을 정리하는 과정 자체가 평가가 된다.

읽기 과정의 올바른 평가를 위하여, 학습자가 읽은 책과 보고서를 중심으로 독서 일기를 만들어야 한다. 이것은 교실에서 평가받을 수 있도록 일정한 수의 책과 페이지로 할당할 필요가 있다. 이러한 목표량은 일정 수준 이상의 학생에게는 자극이 된다.

주간 독서 일기는 1주 단위로 읽기 시간과 읽은 책을 기록하게 하여, 요일 별로 읽기 과정을 점검할 수 있다. 다독의 가장 중요한 요소 중의 하나인 독서 일기는 매일 매일의 읽기 내용을 학습자가 기록하는 것으로 다독의 성공적 운영에 매우 중요하다.

독서 일기에는 책 제목, 내용, 날짜, 읽는 시간, WCPM(1분 동안 평균적으로 얼마나 많은 단어를, 유창하고 바르게 읽을 수 있는지 측정하는 지표), 언어적 요소 등을 기록하며, 교사는 정기적으로 보고, 평가의 기초 자료로 활용하게 된다.

특히 WCPM은 1분간 수준에 맞는 글을 읽게 해 틀린 단어의 수를 빼고 계산하는 방법으로, 현재 미국 초등학교에서 읽기를 평가하기 위해 사용하고 있다. 초등학교 3학년 말까지 107 WCPM 수준을 요구한다.

또 하나의 독서 기록 방법에는 '요약식 독서 보고서'(Instant Book Report)가 있다. 이것은 학습자가 읽은 책에 대해 약 15분간 기록하며 1~3문장 정도의 요약문과 3~4문장 정도의 자유로운 개인적 생각을 표시하는 것으로 이루어진다.

독서 보고를 쓸 때 자유로운 개인 반응을 통해 학습자들이 단순한 이해 이상의 느낌과 생각을 기술하는 것이 중요하다. 개인의 느낌과 생각에는 작품의 장단점에 대한 판단에서부터 이야기 주제가 학생들에게 개인적으로 미친 영향, 그리고 특정한 상황 및 문화적·역사적 배경에 대한 문제까지 포함된다. 특히 수업 시간의 발표에 부담을 느끼는 학생들에게는 이러한 독서 보고를 통하여 개인적인 자유로운 표현력과 평소에 자유로이 표현하지 못했던 풍부한 상상력을 향상시킬 수 있다.

[주간독서일기]

날짜	이름: 내 용	목표: ------ 1일 목표	WCPM
월요일		분	
화요일		분	
수요일		분	
목요일		분	
금요일		분	
토요일		분	
일요일		분	

이러한 독서기록에서는 학생들 자신의 읽기에 대한 능동적인 참여와 책임감이 필요하다.

끝으로 다독의 평가 방법으로 '학기말 자기 평가'가 있는데, 이것은 1페이지 정도의 보고서로서 다음과 같은 내용이 포함된다.

(1) 1학기 동안 읽은 독서의 총 페이지 수

(2) 가장 재미있었던 책과 그 이유

(3) 1학기 동안의 읽기 태도 변화에 대한 의견

(4) 향후 개인적 목표

(5) 향후 개인적 읽기 목표 등에 대한 학습자의 개인적 반응

이러한 학기말 자기 평가 보고서는 교사가 학생들에 대해 사전 평가에 있어, 각 학생의 성취도에 대한 주관적인 판단을 제공하여

교사는 학생이 얼마나 많이 읽었는지, 어떤 책을 읽었는지에 관심을 갖게 된다.

이상에서 보듯이 다독의 평가는 평가와 관련한 걱정을 탈피하는 것이 중요하다. 학생들이 읽기를 많이 함에 따라, 언어능력이 증가되며 더 복잡한 교재를 점차 선택할 수 있는 능력이 생기게 되므로 자율적으로 많은 책을 읽도록 격려할 수 있는 평가 방법의 개발이 중요하다.

결국 자발적 다독의 평가는 학생들의 읽기를 독려하는 기본 전제를 갖고 있으므로 문법이나 문장 해석 연습이 아닌, 다독의 양과 독서 일기에 나타난 읽기 과정을 평가하는 것이 좋다. 하지만 더욱 근본적이고, 빠른 언어능력 향상을 위해서는 객관적인 데이터를 활용할 필요도 있다. 그러나 기존의 획일적, 비개성적 평가는 지양해야 하며 근본적이고 다각적인 언어능력 측정과 성과 향상에 목적을 둔 평가 도구를 활용하는 것이 바람직하다.

3. 다독은 어디서나 가능하다.

교실에서는 읽기에 대한 방향 지도와 토론이 이루어지고 나머지 읽기는 어디서나 이루어지는 것이 장점이다.

다독에 있어서 일단 "얼마나 읽어야 하나?" "어떻게 평가가 이루어지나?" 등에 대한 준비가 이루어지면, 어디에서 읽어야 하는가를 결정해야 한다.

자발적 다독은 읽기 양에서, 교실 수업 이상을 읽어야 하므로, 교실 밖에서 읽기는 읽기 습관에 매우 중요하다. 이것은 모국어 읽기나 외국어 읽기의 공통적인 과정이므로, 영어의 읽기 교육은 외국어 학습의 읽기 접근보다는 한국어 읽기교육과 같은 관점에서 생각하며 읽는 습관을 키워가야 한다.

Nuttall이라는 언어학자는 영어자료 읽기를 영어권 국가에서 시간을 보내는 대체적인 활동으로 규정하며 영어 학습에 가장 많은 영향을 주는 분야로 정의하고 있다.

지속적인 읽기 습관의 개발은 영어 학습에 매우 중요하다. 그러므로 '자발적 다독법'의 교실 밖에서 읽기는 즐거움에 근거하여 주로 글을 읽게 하는 것이 중요하며, 외부적인 힘에 의해 강요받지 않게 해야 한다.

4. 책은 자신의 수준보다 조금 쉬워야 한다.

선택된 읽기자료는 읽는 학습자 영어 수준보다 약간 쉬운 것이 좋다.

다양한 읽기 교재가 있을 때 학습자의 언어적 수준보다 한 단계 아래인 교재를 통해 자신감을 얻는 것이 중요하다. 독자가 읽을 수 있는 범위에서 1단계씩 수준 향상이 있어야 하며, 교사의 강요나 재촉이 없어야 한다. 그러나 반드시 읽기 수준이 상승하는 것만을 독려하여 학습자가 자기 자신의 언어 수준보다 어려운 글을 선택하게 하면 안 되며, 학습자 자신들이 읽기 과정 속에서 수준별로 자유로이 이동하는 것도 중요하다.

이때 읽기 도중에 내용이나 언어수준 면에서 교재가 학습자에게 적절하지 않다고 판단되면 책의 수준을 높이거나 낮출 수 있다.

이때 읽기의 과정에서 조심해야 할 것은 학습자가 더 어려운 내용을 읽어야 한다는 생각과 능력 향상을 꼭 이루어야 하겠다는 강박관념이다. 게다가 어렵고 재미없는 내용을 읽다가 중단하면 마치 그것이 패배를 인정한다는 생각 때문에 무작정 계속 읽는데 문제가 있다.

또한 페이지 당 모르는 단어의 내용은 적게 나와야 한다.

다독 책을 추천할 수 있는 분량은, 예를 들어, 언어 학습자 문학 도서인 경우에 중급 이하일 때는 30~50페이지, 중급은 100~150페이지, 고급 수준은 200페이지 이상의 것을 고르는 것이 좋다. 일단 이것이 성취되면 더 긴 교재에 도전하는 자세를 갖게 된다.

자발적 다독에 있어 교재의 난이도는 학습자가 스스로 선택한 분야의 내용을 이야기 흐름에 방해받지 않고 읽을 수 있어야 하며, 개인의 언어 수준을 고려한다면 교재의 난이도는 개인마다 다를 수 있다.

5. 사전은 가급적 보지마라!

사전을 처음에 보는 것은 금물!

읽기가 다 끝난 뒤에 가벼운 마음으로 확인하는 것이 좋다.

다독을 통한 읽기에서 능숙하고 효과적인 읽기를 하려면, 모르는 단어나 구를 무시하거나, 이해하는 데 필요한 근접한 내용을 추측하는 것이 바람직하다. 능숙한 읽기 과정에서, 사전을 보려고 읽기를 중단하면 능숙한 읽기에 방해를 받는다. 왜냐하면, 이야기나 내용의 흐름이 수시로 중단되어 글의 전개를 이해하는 데 방해가 되기 때문이다.

우리와 영어 환경이 비슷한 일본 대학생들을 대상으로 실험을 한 결과, 단편 소설을 읽을 때 사전을 이용하면 2배의 시간이 걸린다는 사실을 발견했다. 대개 사전을 찾는 단어 수는 가급적 적은 것이 좋다. 자발적 다독에서 사전을 자주 찾는다는 것은 교재가 학습자에게 너무 어렵거나 부적합하다는 것을 의미하기 때문이다.

6. 친구와 함께 읽는 것이 좋다.

다독에서는 초반에 교사가 주제나 주요 문제 등을 제시하여 학생의 관심을 불러일으키는 것이 중요하다. 1~2권으로 이렇게 다독의 방법을 소개하고 나서 시간이 지나감에 따라 학생 스스로 이러한 기능을 떠맡고 그들 스스로 토론을 이끌어가게 한다.

읽기를 계속하려면 누군가의 도움이 필요할지 모른다. 단계별 읽기자료는 우리말로 된 책을 읽듯이 읽는 것이 중요하다. 그러려면 마음이 통하는 사람과 서로 정보를 교환하고 토론하며 읽으면, 훨씬 즐겁고 오랫동안 읽기를 지속할 수 있다. 이것은 마치 우리가 높은 산의 정상을 향해 갈 때, 이야기 상대와 대화를 나누며 걸어가면 힘들지 않는 것과 같은 이치이다.

학급 상황에 따라 책의 순환 주기는 1~3주 정도로 지속된다.

이 정도 기간이면 대체로 책을 1권 이상 읽을 수 있기 때문이다. 내용 중심 접근은 관심 있는 내용을 중심으로 언어 학습이 이루어져야 하며, 영어 그 자체에 대한 교사 중심의 설명식 수업은 다독 목적에 부합하지 않는다.

다독의 읽기 지도는 개인이나 소규모 단위로 이루어지며, 학습자의 관심이나 흥미 정도에 따라 장르나 저자의 선택은 유동적이어야 한다. 교사는 학생들을 위해 책을 고르지 말고 어디에서 관심 있는 책을 찾는지 학생들에게 알려 준다.

또 다른 방법은 '독서 클럽'을 만드는 것이다. 이것은 토론 내용은 주제와 관련, 구성이나 등장인물의 성격 그리고 자신의 경험 관련 이야기 등을 자유로이 토론하는 것이다.

그룹 구성은 읽기의 관심 분야나 읽기의 효율성에 따라 학생들이 결정을 하도록 한다. 이렇게 몇 달이 지나면, 읽기 습관이 변하거나 다른 집단의 책을 선호하게 되어, 학생들은 그룹을 바꾸고 싶게 된다. 학생들은 대화에 익숙할 만큼 자주 만나는 것이 좋으며, 독서 모임이 다독의 읽기 과정에 통합된 역할을 할 수 있어야 한다. 토론은 3~5명이 적당하며, 너무 많을 경우에는 소극적인 학생들은 초조하거나 두려운 감정을 갖게 되어 학생들의 참여가 어려워진다.

15

영어도서관이
중요하다

다독 프로그램은 학생들의 욕구나 수준을 고려하여 교사가 읽기 교육의 확신을 얻을 수 있도록 결정되어야 하는데, 이때 필요한 요소는 학교 정책·시간표 계획·재정·도서의 연계성·책의 구입·책의 등급표시 및 평가·대여 방법·동기 부여·지속적인 점검 활동 등을 들 수 있다. 이때 영어교육 담당자의 마인드가 중요하다.

1. 학교에서 다독 프로그램을 구성하라!

교실 수업에 많은 양의 읽기 교육을 도입하려면 학교 당국의 영어 교육 정책이 뒷받침되어야 한다. 교장이나 정책 담당자의 이해와 인식이 필요하다.

학교 전체에서 다독 프로그램을 선택한다면 교과 과정 구성 및 관리에서 지속적인 관심이 필요하다. 특히 요즘 우리나라의 중·고등학교의 경우 '수행평가'의 도입으로 영어 수업도 다양한 과제나 학습 과정에 대한 평가가 이루어지고 있다. '자발적 다독법'은 이러한 영어 수행평가의 운영 차원에서도 추천할 수 있는 영어 교육 방법이다.

미국에서는 지난 40년 동안 학생들이 수업현장에서 이루어지는 교육 상황에 적응하는 데 가장 중요한 것을 '듣고, 읽을 수 있어야 한다'는 점을 강조해 왔다. 그래서 음소인식부터 빠른 독해에 이르기까지 체계적으로 읽기 학습을 할 수 있도록 하고 있다. 앞서 소개했던 프로그램에서, 무려 5,900개 학교에 150만 명이 넘는 학생들이 정부의 예산으로 학습하고 있다. 영어공교육을 강화시키고자 하는 우리나라에 시사하는 바가 매우 크다고 할 수 있다.

2. 체계적으로 읽어라!

다독은 교실에서 교사의 안내에 따라 이루어지고, 학생들은 그 지침을 근거로 주도적인 독서를 하게 된다. 또한, 교실 밖에서도 많은 양의 읽기를 지속적으로 할 수 있는 균형 있는 시간표 구성이 중요하다.

3. 경제적으로 학급문고를 운영하라!

학교에서 다독 프로그램을 정규 교과과정으로 도입할 경우, 도서 구입에 따른 비용이 문제가 된다. 개별적인 관심 분야 책을 1~3권씩 구입하게 하고, 이미 본 책은 다음 학생들이 관심 분야에 맞게 돌려보게 한다면, 지금까지 교과서나 참고서를 사는 데 소모되었던 비용과 큰 차이가 없을 것이다.

4. 수준별로 색상을 표시하라!

학교 당국의 도서실과 영어과 도서 운영 계획이 유기적인 관계를 맺는 것이 바람직하다. 즉, 전체적으로 다독 프로그램을 이용할 경우, 관심 분야의 신간 책을 지속적으로 활용할 수 있도록 도서를 구입하고 학생들에게 알려야 한다.

한편, 독자의 수준을 고려할 수 있도록, 가능하면 색상을 사용한 단계를 표시하되, 학생들이 각 단계 사이를 편안하고 자유로이 이동해 갈 수 있도록 독려해야 한다. 그러면 읽기에 대한 부담이나 부정적인 태도를 피하고, 지속적인 읽기 습관을 유지할 수 있다.

5. 관심 분야에 맞는 책을 골라라!

책을 선정할 때에는 어떤 근거에서 고를 것인지에 대해 결정해야 한다.

예를 들면 쉽게 각색된 책을 고를 것인지, 원어민들이 쓰는 교재를 고를지 아니면 두종류의 혼합형을 고를지 결정해야 한다. 각색된 것은 책도 재미있고 생동감 있는 책이 많다. 어휘 수가 제한되어 있거나 상식에 어긋나는 표현이 많은 책도 무조건 배제될 필요도 없다. 외국의 경우, 가장 인기 있는 책 중에 하나가 이러한 표현으로 가득 차 있는 경우도 많기 때문이다.

한편, 경험이 많은 교사는 경험을 통하여 학습자의 읽기 능력을 직관적인 느낌으로 파악하기도 하지만 그렇지 못할 경우에는 교실에서 사용하고 있는 교재에 대한 교사의 검토가 있어야 한다.

어휘나 구문을 토대로 분석하거나 읽기 표본 자료를 제공하여 모르는 어휘를 표시하게 한 다음, 이를 토대로 교재 수준의 선정에 참조할 수 있다. 어휘 수준도 책의 등급별로 기초 단어 수를 표시하여 학습자가 책을 선택하는 데 도움이 되도록 한다.

다음은 학생들에게 설문지를 만들어 보는 것이 좋다.

설문지 내용은 자유 활동, 취미나 클럽활동, 여가활동 등과 같은 소재가 좋다. 이때 설문지가 교사의 기대에 부합하거나 보고하는 형식으로 구성되어서는 안 된다. 학습자의 관심 분야를 알기 위하여 두 가지의 설문지를 만들 수 있다. 하나는 등급 형으로 학생들에게 선택하도록 하는 것이며, 다른 하나는 서술형으로 직접 서술하도록 하는 방법이다.

[예 1]

I enjoy movies which are about

a. ------- science fiction

b. ------- romance or love

c. ------- sports

d. ------- children

e. ------- animals

[예 1]의 등급형 설문은 매우 구체적이고 능답이 매겨지므로 내용 파악이 쉬운 반면, 학생들이 좋아하는 내용을 포괄적으로 질문하려

면 많은 정보를 알고 있어야 한다는 한계성이 있고, 단지 정보의 상대적인 등급만을 매기고 마는 단점이 있다.

한편, 서술식 설문은 학생들이 좋아하는 내용의 선택을 열거할 수 있게 한다.

[예 2]

1. What kind of movies do you enjoy?
2. What do you like to do in your spare time?
3. What do you and your friends talk about when you are having lunch?
4. What sorts of books do you read (in your own language)?

[예 2] 설문지는 다양한 대답을 얻을 수 있지만, 범주화나 해석하기가 어렵다. 그러므로 두 가지를 포함하는 하나의 설문지를 만드는 것이 좋다.

[예 3]

I enjoy movies which are about

a. ----------- science fiction

b. ----------- romance or love

c. ----------- sports

d. ----------- children

e. other ( )

   (if you choose (e), please write down your opinions in the blank)

6. 책의 분류와 대여를 쉽게 하라!

다독 과정의 평가를 위해서 학생들 자신의 기본도서 목록을 만들어 관리하는 것이 바람직하며, 학생 스스로가 자신의 읽기에 대해 평가해 가는 것이 '자발적 다독법'에서는 적합하다고 본다.

여기에서 진단 테스트나 독서 카드 등을 만들어 학생 스스로가 점검하는 것이 바람직하다.

일단 책의 등급이 분류되면, 1개의 등급에 대해, 1개의 색깔로 색상 분류를 하면 더욱 좋다. 예를 들면, 책의 앞표지에 등급을 표시하는 색깔로 녹색=등급 1(가장 쉬움), 파랑=2, 노랑=3, 오렌지=4, 빨강=5, 핑크색=6 등으로 표시한다.

한편, 대여 체계는 가장 단순한 것이 바람직하며 대여 절차로 인하여 학습자에게 부담을 주거나 흥미를 차단하면 읽기 학습에 부정적인 영향을 주게 된다. 이때 '개인별 읽기기록'(Personal Reading Record)을 만들어 자유로이 책을 빌리고 반납할 수 있게 한다.

제목	수준	대여일 (월/일)	반납일 (월/일)	읽기시간 (시간/분)	내용수준 1=매우 쉬움 2=적당 3=너무 어려움	페이지	읽기 점수
	1	4/2	4/9	30분	2	20	15

위의 표에서 보듯이, 개인별 읽기 기록표는 학습자들이 읽기 수준에 따라 자유로이 읽은 후 반납 일에 반납하면 된다. 1권의 책을 읽

느데 소요되는 날짜와 읽기 시간은 학습자의 읽기 과정을 그대로 보여주는 것이므로, 교사는 학습자들이 작성한 개인별 읽기 기록표로 책의 관리와 읽기에 대한 관리를 할 수 있고, 기록표에 나타난 내용을 토대로 읽기 지도를 할 수 있다.

7. 긍정적인 읽기 습관을 가져라!

학습자들의 읽기 학습에서 정기적인 주제 토론이나 역할극 등을 통한 활동은 긍정적인 동기를 갖게 하는 데 도움이 된다.

능숙하지 못한 독자들을 위해 읽기의 문제점에 대해 자유로이 토론하며 해결하는 시간과 공간을 만들어 활용하면 읽기에 대한 자신감 회복에 기여할 수 있다. 여기서는 독자들이 갖고 있는 문제를 토론하며, 독해 능력이 많이 부족한 학생에게는 영어체계와 구문의 특징, 그리고 어휘력을 향상하는 지도가 필요하다.

8. 독서일기로 마무리한다.

독서 일기를 통하여 주제와 언어적 요소, 그리고 내용에 대한 자유로운 소감이나 느낌의 표현을 직접 써봄으로써 책에 대한 전반적인 이해를 정리하게 된다.

그리고 학생들이 읽는 각각의 책에 대해 읽기 점수를 부여하는 것도 좋은 평가요소이다. 읽기 점수는 책의 수준과 읽기 페이지 수에 따라 정해지며 매년 또는 매 학기 학년 별로 최소한의 읽기 목표를 정하고, 읽기를 하면 읽기 과정 점검에 효율적이다.

학년	1단계	2단계	3단계	4단계	5단계	6단계
1						
2						
3						

이때 학습자 자신에게 편안한 단계에서의 읽기가 더 빠르고 더욱 많은 읽기 점수와 즐거움을 가져온다는 사실을 주지시켜 주는 것이 중요하다. 왜냐하면, 학습자들이 어려운 단계 책을 선정하는 게 높은 읽기 점수를 얻을 수 있다고 생각하여 어려운 책을 읽어 간다면 읽기에 대한 부담감 때문에 많은 양을 읽지 못할 뿐만 아니라, 읽기에 대한 흥미도 잃게 되어 지속적인 읽기를 할 수 없기 때문이다.

16

영어 도서관 다독프로그램 적용사례

◗ A사의 독서 프로그램

수준별 자기주도형 영어독서 프로그램을 공급하는 A사의 독서 프로그램은 영어독서를 통한 영어정복의 방법을 제공하는 대표적인 성공사례이다. 다독을 통해 영어 능력을 향상할 수 있음을 알 수 있다.

A사는 이 영어독서 프로그램을 "파닉스부터 고전까지 4,300여 권의 영어독서를 통해 사고력과 창의력을 가진 글로벌 인재로 키워주는 프로그램이다."라고 소개하고 있다.

➲ 프로그램의 특징

01 최고의 교육기관(사립초, 전문어학원 등)에서 사용하며 철저히
     검증받은 시스템
02 학습 시 책을 제대로 읽어야만 통과할 수 있도록 철저하게 만
     들어져 학부모들의 기대에 부응
03 세계적으로 유명한 영어원서와 e-Book으로 재미있게 영어공
     부를 할 수 있는 온라인 프로그램
04 다양한 Activity를 통해 영어의 4대 영역이 골고루 향상되도록
     구성
05 교육현장의 전문가들과 탄탄한 네트워크를 통해 지속적인 콘
     텐츠 및 시스템 업그레드
06 관리자들이 쉽게 체크할 수 있어 이해도와 과제수행 여부 쉽게
     관리

원서를 읽는다는 것은 단순히 영어만 배우는 것이 아니다.

Reality / 살아있는 지식과 새로운 문화를 접하며,

Emotion / 작가의 감정을 느끼는 것

Activity / 그리고 주인공과 함께 행동하며

Dream / 새로운 꿈을 꾸는 것

READ / 영어독서는 새로운 세상을 만나는 것이다.

또한, A사는 나양한 레벨별 도서로 수업함으로써 수준별 자기주
도형 학습이 되도록 하고 있다.

● 학습 포인트 시스템

포인트 = 독서량

포인트는 책을 읽고 학습을 마쳤을 때 부여되며, 책마다 책정하며 표지에 표시한다.

포인트 책정 기준은 도서의 레벨과 단어 수, ATOS 등 입체적으로 설계되었고 학습을 완료하고 얻게 되는 포인트 점수는 실제로 학습한 독서량과 같은 공신력을 발휘한다.

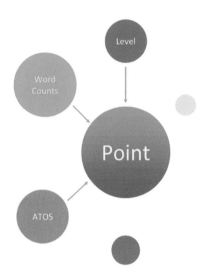

● 학습프로세스

온라인 레벨테스트

자기 레벨에 맞는 영어독서
(e-Book or Paperback)

◉ 학교운영사례

　학교는 다독자에 대한 시상제도와 다양한 동기부여 제도를 실시하고, 담임선생님은 칭찬과 독려로 학생이 꾸준하게 영어독서를 하는 습관을 형성할 수 있도록 한다. 그 결과 전교생이 1인당 연간 100권 이상의 영어독서를 읽으며 영어교육의 전기를 마련하고 있다. 또한, 영어 독서 프로그램을 도입하고 나서 학부모들의 학교에 대한 만족도 및 신뢰도가 매우 높아지고 있다.

읽은 책에 대한 온라인 학습

포인트 획득을 통한
자동 레벨업

영어독서의
Secrets of
Extensive
Reading
비밀
에/필/로/그

　'자발적 다독법'이 우리나라와 같은 외국어 읽기 교육 환경에 주
는 효과는 매우 크다. 특히 '수준별 읽기자료'(Graded Readers)인 영미
언어 학습자 문학(Language Learner Literature)을 활용한 다독 프로그램이
언어적, 문화적, 심미적인 능력을 제고시키고, 언어 학습의 동기 유
발에 있어서도 매우 긍정적이기 때문에, 영어 읽기 교육이 이제는
인지적인 측면에서 습득되는 교육 방향으로 가야 된다고 본다.

　'자발적 다독법'이 외국어로서의 영어상황의 읽기 교육에 크게 기
여 할 수 있고, 읽기 능력 향상은 물론, 전인적 교육에도 크게 기여
할 수 있다.

　'자발적 다독법'의 언어 철학적 배경은 '총체적 언어학습법'의 인본
주의를 배경으로 하며 자율적이고 학습자 중심의 학습 원리와 학
습자와 교사, 학습자와 학습자의 대화와 토론을 지향하는 교육 문
화가 결부되어 있다. 그러나 한 가지 주의해야 할 것은 총체적 언어
학습법은 교실 밖에서도 영어를 제 2언어로 사용하는 ESL(English as
a Second Language) 상황에서의 통합적 접근법인 반면에 '자발적 다독법'

은 교실 밖에서는 영어를 제2언어로 사용하지 않는 우리나라와 같은 EFL(English as a Foreign Language) 상황의 나라에서 특히 효과를 볼 수 있는 교수법이다.

언어학습의 몰입환경 설정은 언어습득 성패의 관건이며, 특히 EFL 상황에서 효율적인 언어학습을 위해서, 효과적인 언어 몰입 환경을 학습자들에게 만들어주는 것이 중요하다. Nuttall은 영어 원어민 화자와 함께 생활하는 것 다음으로, 자발적 다독을 통한 외국어의 노출이 언어의 능률성을 습득하는 최고의 방법이라고 주장한다.

이렇게 EFL 환경의 우리나라 언어 학습자들은 한국어 학습과는 다른 언어 학습 환경을 갖고 있다. 따라서 영어를 모국어로 사용하는 사람들의 문화·사상·정서·가치·철학 등의 언어 인지적 경험을 담고 있는 실제성 자료에 많이 노출됨으로서 인지적·감성적인 관점의 읽기를 통해 영어 습득을 위한 '몰입 환경'에 젖어드는 것이 바람직하다.

지금까지 과거의 언어학자들이 주장해온 형태 중심의 기능적·기술적·분석적인 읽기 교육이 결국 교재에 대한 수동성만 강요하고, 읽기에 대한 부담감과 열등감만 심어주고 있었기 때문에, 읽기를 하나의 어려운 목표를 달성해가는 과정으로 만들었음을 알 수 있다.

이에 대한 해결 방안으로, 이 책은 '자발적 다독법'을 제안하여 영어에 대한 인지적·감성적·문화적 관점에서 의미 중심의 통합적 읽기 교육이 그 해결 방안이 된다고 생각한다.

필자는 이러한 다독을 통한 영어 학습이 우리나라의 영어교육을 담당하고 있는 선생님들과, 그 동안 영어를 공부해도 이렇다 할 성과를 이루지 못한 대한민국의 모든 영어 학습자들에게 진정으로 도움이 되기를 기대해 본다.

NO.	TITLE	Author	Publisher	Series
1	Boots for Beth	Alex Moran	Harcourt, Inc.	Green Light Readers
2	My Wild Woolly	Deborah J. Eaton	Harcourt, Inc.	Green Light Readers
3	Who Stole the Cookies?	Judith Moffatt	Grosset & Dunlap	All Aboard Reading
4	Dog on His Bus	Eric Seltzer	Puffin Young Readers	Puffin Young Readers
5	Look! I Can Read!	Susan Hood	Grosset & Dunlap	All Aboard Reading
6	All Aboard Reading 1; Meet Trouble	Susan Hood	Grosset & Dunlap	All Aboard Reading
7	Tiger Is a Scaredy Cat	Joan Phillips	Random House	STEP INTO READING
8	Why the Frog Has Big Eyes	Betsy Franco	Harcourt, Inc.	Green Light Readers
9	Eloise Breaks Some Eggs	Margaret McNamara	Aladdin Paperbacks	Eloise
10	Eloise Has a Lesson	Margaret McNamara	Aladdin Paperbacks	Eloise
11	Get That Pest!	Erin Douglas	Harcourt, Inc.	Green Light Readers
12	Jack and Jill and Big Dog Bill	MarthaWeston	Random House	STEP INTO READING
13	Monkey See, Monkey Do	Dana Regan	Grosset & Dunlap	All Aboard Reading
14	Moving Day	Anthony G. Brandon	Harcourt, Inc.	Green Light Readers
15	That Bad, Bad, Cat!	Claire Masurel	Grosset & Dunlap	All Aboard Reading
16	The Chick That Wouldn't Hatch	Claire Daniel	Harcourt, Inc.	Green Light Readers
17	Try Your Best	Robert McKissack	Harcourt, Inc.	Green Light Readers
18	Where Do Frogs Come From?	Alex Vern	Harcourt, Inc.	Green Light Readers
19	Eloise's Summer Vacation	Lisa McClatchy	Aladdin Paperbacks	Eloise
20	Jason's Bus Ride	Harriet Ziefert	Puffin Young Readers	Puffin Young Readers
21	All Aboard Reading 1; Snug Bug	East Dubowski& Mark Dubowski	Grosset & Dunlap	All Aboard Reading
22	Bad Hair Day	Susan Hood	Grosset & Dunlap	All Aboard Reading
23	Cat on the Mat	Susan Schade & Jon Buller	Random House	STEP INTO READING
24	Did You See Chip?	Wong Herbert Yee	Harcourt, Inc.	Green Light Readers
25	Lucky Goes to School!	Gail Herman	Grosset & Dunlap	All Aboard Reading
26	Me and My Robot	Tracey West	Grosset & Dunlap	All Aboard Reading
27	Mice Are Nice	Charles Ghigna	Random House	STEP INTO READING
28	ALL BY MYSELF	Mercer Mayer	Random House	Little Critter
29	BEAR ABOUT TOWN	StellaBlackstone	Barefoot Books	
30	Eloise and the Snowman	Lisa McClatchy	Aladdin Paperbacks	Eloise
31	Eloise's New Bonnet	Lisa McClatchy	Aladdin Paperbacks	Eloise

NO.	TITLE	Author	Publisher	Series
32	ON THE SCHOOL BUS	CatherinePeters	Houghton Mifflin	
33	Pal the Pony	R.A.Herman	Grosset & Dunlap	All Aboard Reading
34	Snow Day	Margaret McNamara	Aladdin Paperbacks	READY-TO-READ
35	A KISS FOR LITTLE BEAR	Else Holmelund Minarik	HarperTrophy	An I Can Read Book
36	Dad Goes to School	Margaret McNamara	Aladdin Paperbacks	READY-TO-READ
37	Digger Pig and the Turnip	Caron Lee Cohen	Harcourt, Inc.	Green Light Readers
38	Eloise and the Dinosaurs	Lisa McClatchy	Aladdin Paperbacks	Eloise
39	Eloise at the Wedding	Margaret McNamara	Aladdin Paperbacks	Eloise
40	Fall Leaf Project	Margaret McNamara	Aladdin Paperbacks	READY-TO-READ
41	First-Grade Bunny	Margaret McNamara	Aladdin Paperbacks	READY-TO-READ
42	Kit and Kat	Tomie dePaola	Grosset & Dunlap	All Aboard Reading
43	My Dad	Anthony Browne	Random House	
44	Pajama Party	Joan Holub	Grosset & Dunlap	All Aboard Reading
45	Pal and Sal	R.A.Herman	Grosset & Dunlap	All Aboard Reading
46	The First Day of School	Margaret McNamara	Aladdin Paperbacks	READY-TO-READ
47	OLIVIA and Her Ducklings	Veera Hiranandani	Simon Spotlight	Olivia
48	Eloise and the Very Secret Room	Ellen Weiss	Aladdin Paperbacks	Eloise
49	Farmers Market	Carmen Parks	Harcourt, Inc.	Green Light Readers
50	Happy Graduation!	Margaret McNamara	Aladdin Paperbacks	READY-TO-READ
51	HI! FLY GUY	Tedd Arnold	Scholastic	
52	The Playground Problem	Margaret McNamara	Aladdin Paperbacks	READY-TO-READ
53	The Pumpkin Patch	Margaret McNamara	Aladdin Paperbacks	READY-TO-READ
54	Tomas Rivera	Jane Medina	Harcourt, Inc.	Green Light Readers
55	A Tooth Story	Margaret McNamara	Aladdin Paperbacks	READY-TO-READ
56	Animals on the Go	Jessica Brett	Harcourt, Inc.	Green Light Readers
57	Daniel's Mystery Egg	Alma Flor Ada	Harcourt, Inc.	Green Light Readers
58	Happy Thanksgiving	Margaret McNamara	Aladdin Paperbacks	READY-TO-READ
59	Lucy's Quiet Book	Angela Shelf Medearis	Harcourt, Inc.	Green Light Readers
60	My Robot	Eve Bunting	Harcourt, Inc.	Green Light Readers
61	SPLASH!	Ariane Dewey and Jose Aruego	Harcourt, Inc.	Green Light Readers
62	A Place for Nicholas	Lucy Floyd	Harcourt, Inc.	Green Light Readers
63	Catch Me If You Can!	Bernard Most	Harcourt, Inc.	Green Light Readers
64	Election Day	Margaret McNamara	Aladdin Paperbacks	READY-TO-READ

NO.	TITLE	Author	Publisher	Series
65	Groundhog Day	Margaret McNamara	Aladdin Paperbacks	READY-TO-READ
66	Shoe Town	Janet Stevens and Susan Stevens Crummel	Harcourt, Inc.	Green Light Readers
67	The Luck of the Irish	Margaret McNamara	Aladdin Paperbacks	READY-TO-READ
68	The Purple Snerd	Rozanne Lanczak Williams	Harcourt, Inc.	Green Light Readers
69	The Very Boastful Kangaroo	Bernard Most	Harcourt, Inc.	Green Light Readers
70	OLIVIA Takes a Trip	Ellie O'Ryan	Simon Spotlight	Olivia
71	The Fox and the Stork	Gerald McDermott	Harcourt, Inc.	Green Light Readers
72	Too Many Valentines	Margaret McNamara	Aladdin Paperbacks	READY-TO-READ
73	OLIVIA Plants a Garden	Emily Sollinger	Simon Spotlight	Olivia
74	ROARING ROCKETS	Tony Mitton	Kingfisher	
75	The Garden That We Grew	Joan Holub	Puffin Young Readers	Puffin Young Readers
76	Max's Chocolate Chicken	Rosemary Wells	Puffin Books	Max and Ruby
77	Sammy THE SEAL	SydHoff	HarperTrophy	I Can Read
78	TITCH	PatHutchins	Aladdin Paperbacks	
79	A Bed Full of Cats	Holly Keller	Harcourt, Inc.	Green Light Readers
80	When I Was Five	ArthurHoward	Voyager Books	
81	One Hundred Days (Plus One)	Margaret McNamara	Aladdin Paperbacks	READY-TO-READ
82	Suddenly!	ColinMcNaughton	Voyager Books	
83	WHERE'S MY TEDDY?	Jez Alborough	Walker Books	
84	OLIVIA and the Snow Day	Farrah McDoogle	Simon Spotlight	Olivia
85	Ruby's Beauty Shop	Rosemary Wells	Puffin Books	Max and Ruby
86	DANNY AND THE DINOSAUR	SydHoff	HarperTrophy	I Can Read
87	All Aboard Reading 1; HIDE-AND-SEEK ALL WEEK	Tomie Depaola	Grosset & Dunlap	All Aboard Reading
88	Noah's Ark	retold by Lucy Cousins	Walker Books	
89	The Horse in Harry's Room	SydHoff	HarperTrophy	I Can Read
90	WHAT MOMMIES (DADDIES) DO BEST	LauraNumeroff	Simon & Schuster	
91	Five Little Fiends	Sarah Dyer	Bloomsbury Children's Books	
92	Tumbleweed Stew	Susan Stevens Crummel	Harcourt, Inc.	Green Light Readers
93	DAZZLING DIGGERS	Tony Mitton	Kingfisher	
94	My Cat likes to hide in Boxes	Eve Sutton	Puffin Books	
95	BEAR ON A BIKE	StellaBlackstone	Barefoot Books	
96	TERRIFIC TRAINS	Tony Mitton	Kingfisher	
97	Dinnertime!	AnnWeld	Working Title Press	

NO.	TITLE	Author	Publisher	Series
98	My Mum	Anthony Browne	Random House	
99	Fat Fred	Avelyn Davidson	WorldCom Inc.	
100	Let's Play Soccer	Lan Douglas	WorldCom Inc.	
101	My New Boy	Joan Phillips	Random House	STEP INTO READING
102	Apples and How They Grow	Laura Driscoll	Grosset & Dunlap	All Aboard Reading
103	Clifford THE BIG RED DOG	Norman Bridwell	Scholastic	Clifford
104	The Secret Birthday Message	EricCarle	HarperTrophy	
105	WAKE UP, SUN!	David L. Harrison	Random House	STEP INTO READING
106	Water	Emily Neye	Grosset & Dunlap	All Aboard Reading
107	JUST ME AND MY BABYSITTER	Mercer Mayer	Random House	Little Critter
108	We're Going on a Bear Hunt	Michael Rosen	Walker Books	
109	JUST ME AND MY DAD	Mercer Mayer	Random House	Little Critter
110	Push and Pull	Leslie Garrett	Pearson Longman	FourCorners
111	Five Silly Fishermen	Roberta Edwards	Random House	STEP INTO READING
112	ME TOO	Mercer Mayer	Random House	Little Critter
113	Cowboy Roy	Cathy East Dubowski & Mark Dubowski	Grosset & Dunlap	All Aboard Reading
114	I Want My Dinner	Tony Ross	Andersen Press	Little Princess
115	Ice-Cold Birthday	Maryann Cocca-Leffler	Penguin Young Readers	All Aboard Reading
116	JUST ME AND MY PUPPY	Mercer Mayer	Random House	Little Critter
117	Merry Christmas, BIG HUNGRY BEAR!	DonandAudreyWood	Child's Play	
118	Nobody Listens to Andrew	Elizabeth Guilfoile	HarperTrophy	
119	Princess Buttercup	Wendy Cheyette Lewison	Grosset & Dunlap	All Aboard Reading
120	JUST SHOPPING WITH MOM	Mercer Mayer	Random House	Little Critter
121	NO MORE MONSTERS FOR ME!	PeggyParish	HarperTrophy	An I Can Read Book
122	The Yellow Balloon	Helen Bird	WindmillBooks	ZigZag
123	DANNY and the DINOSAUR Go to Camp	Syd Hoff	HarperTrophy	I Can Read
124	Frogs	Laura Driscoll	Grosset & Dunlap	All Aboard Reading
125	Johnny Appleseed	Patricia Demuth	Grosset & Dunlap	All Aboard Reading
126	MADELINE AND HER DOG	John Bemelmans Marciano	Puffin Young Readers	Puffin Young Readers
127	Matsumura's Ice Sculpture	Anna Prokos	Pearson Longman	FourCorners
128	Princess for a Day	Maryann Cocca-Leffler	Grosset & Dunlap	All Aboard Reading
129	Sand	Margaret Clyne & Rachel Griffiths	Pearson Longman	FourCorners

NO.	TITLE	Author	Publisher	Series
130	Spider's Lunch	Joanna Cole	Grosset & Dunlap	All Aboard Reading
131	Angelina's Silly Little Sister	Katharine Holabird	PUFFIN YOUNG READERS	All Aboard Reading
132	Happy Birthday, DANNY and the DINOSAUR!	SydHoff	HarperTrophy	An I Can Read Book
133	I Want A Sister!	Tony Ross	Andersen Press	Little Princess
134	I Want to Go Home!	Tony Ross	Andersen Press	Little Princess
135	JUST GRANDMA AND ME	Mercer Mayer	Random House	Little Critter
136	JUST GRANDPA AND ME	Mercer Mayer	Random House	Little Critter
137	JUST MY FRIEND AND ME	Mercer Mayer	Random House	Little Critter
138	Little Cloud	EricCarle	Puffin Books	
139	Russell the Sheep	RobScotton	HarperCollins	
140	THE BOOKSTORE GHOST	Barbara Maitland	Puffin Young Readers	Puffin Young Readers
141	The Disappearing Cheese	Paul Harrison	WindmillBooks	ZigZag
142	THE NEW BABY	Mercer Mayer	Random House	Little Critter
143	Croc by the Rock	Hilary Robinson	WindmillBooks	ZigZag
144	JUST FOR YOU	Mercer Mayer	Random House	Little Critter
145	JUST GO TO BED	Mercer Mayer	Random House	Little Critter
146	llama llama red pajama	AnnaDewdney	Viking	
147	Morris Goes to School	B.Wiseman	HarperTrophy	An I Can Read Book
148	THE NEW POTTY	Mercer Mayer	Random House	Little Critter
149	FATHER BEAR COMES HOME	ElseHolmelundMinarik	HarperTrophy	An I Can Read Book
150	Fox in Socks	Dr.Seuss	Random House	Dr Seuss
151	IDon'tWantToGoToHospital	Tony Ross	Andersen Press	Little Princess
152	I Want My Tooth	Tony Ross	Andersen Press	Little Princess
153	I Want To Be	Tony Ross	Andersen Press	Little Princess
154	MADELINE'S TEA PARTY	John Bemelmans Marciano	Puffin Young Readers	Puffin Young Readers
155	Eyes	Rob Sved	Oxford University Press	Oxford Read and Discovery
156	FLASHING FIRE ENGINES	Tony Mitton	Kingfisher	
157	I Don't Want To Go To Bed	Tony Ross	Andersen Press	Little Princess
158	I Want My Light On!	Tony Ross	Andersen Press	Little Princess
159	JUST ME AND MY MOM	Mercer Mayer	Random House	Little Critter
160	LITTLE BEAR'S FRIEND	ElseHolmelundMinarik	HarperTrophy	An I Can Read Book
161	Papa, please get the moon for me	EricCarle	Aladdin Paperbacks	
162	ASK MR. BEAR	MarjorieFlack	Aladdin Paperbacks	
163	Clifford's SPRING CLEAN-UP	Norman Bridwell	Scholastic	Clifford
164	LITTLE BEAR'S VISIT	ElseHolmelundMinarik	HarperTrophy	An I Can Read Book
165	Butterflies	Emily Neye	Grosset & Dunlap	All Aboard Reading
166	I Want a Party!	Tony Ross	Andersen Press	Little Princess

NO.	TITLE	Author	Publisher	Series
167	I Want My Mum	Tony Ross	Andersen Press	Little Princess
168	LITTLE BEAR	Else Holmelund Minarik	HarperTrophy	An I Can Read Book
169	MERRY CHRISTMAS MOM AND DAD	Mercer Mayer	Random House	Little Critter
170	I Want My Potty	Tony Ross	Andersen Press	Little Princess
171	It's My Birthday	HelenOxenbury	Walker Books	
172	JUST ME AND MY LITTLE BROTHER	Mercer Mayer	Random House	Little Critter
173	MORE MORE MORE SAID THE BABY	Vera B. Williams	Mulberry Books	
174	BRILLIANT BOATS	Tony Mitton	Kingfisher	
175	HARRY and the Lady Next Door	GeneZion	HarperTrophy	I Can Read
176	IWantMyDummy	Tony Ross	Andersen Press	Little Princess
177	Bunny Cakes	Rosemary Wells	Puffin Books	
178	Knuffle Bunny Free An Unexpected Diversion	Mo Willems	Walker Books	
179	I Want to Do It by Myself!	Tony Ross	Andersen Press	Little Princess
180	Bunny Money	Rosemary Wells	Puffin Books	
181	At the Beach	Rachel Bladon	Oxford University Press	Oxford Read and Discovery
182	COOL CARS	Tony Mitton	Kingfisher	
183	I Want to Win!	Tony Ross	Andersen Press	Little Princess
184	I Want Two Birthdays	Tony Ross	Andersen Press	Little Princess
185	AMAZING AEROPLANES	Tony Mitton	Kingfisher	
186	TREMENDOUS TRACTORS	Tony Mitton	Kingfisher	
187	Michael	TonyBradman&TonyRoss	Andersen Press	
188	I Want A Friend	Tony Ross	Andersen Press	Little Princess
189	Inside Mary Elizabeth's House	PamelaAllen	Puffin Books	
190	I Don't Want To Wash My Hands	Tony Ross	Andersen Press	Little Princess
191	Finding Fluffy	Lynette Evans	WorldCom Inc.	
192	The Broken Pot	May Nelson	WorldCom Inc.	
193	Let's Make an Eclipse	Jane Burns	WorldCom Inc.	
194	Prudence From Peru	Judy Carter	WorldCom Inc.	
195	How Lizard Lost His Colors	Avelyn Davidson	WorldCom Inc.	
196	Diary of a Pumpkin	May Nelson	WorldCom Inc.	
197	Who Owns These Bones?	Jennifer Murray	WorldCom Inc.	
198	A Year with Mother Goose	Avelyn Davidson	WorldCom Inc.	
199	Baby Dolphin's Tale	Lynette Evans	WorldCom Inc.	
200	What's the Difference?	Vanessa Rhodes	WorldCom Inc.	
201	David and the Giant	Emily Little	Random House	STEP INTO READING
202	Kate Skates	Jane O'Connor	Grosset & Dunlap	All Aboard Reading
203	SHAPE SPOTTERS	Megan E. Bryant	Grosset & Dunlap	All Aboard Reading
204	CHICKENS TO THE RESCUE	JohnHimmelman	Henry Holt and Co.	

NO.	TITLE	Author	Publisher	Series
205	Froggy's Babysister	Jonathan London	Puffin books	Froggy
206	One fish two fish red fiss blue fish	Dr.Seuss	Random House	Dr Seuss
207	Sir Small and the Dragonfly	Jane O'Connor	Random House	STEP INTO READING
208	The Stray Dog	TruestorybyReikoSassa	HarperTrophy	
209	Flower Girl	Gail Herman	Grosset & Dunlap	All Aboard Reading
210	Nina, Nina Star Ballerina	Jane O'Connor	Grosset & Dunlap	All Aboard Reading
211	The Dog Who Cried Wolf	KeikoKasza	G.P.Putnam's sons	
212	Good Night D.W.	Marc Brown	Little,Brown and Company	Arthur Starter
213	In the Sky	Kamini Khanduri	Oxford University Press	Oxford Read and Discovery
214	Let'sGoFroggy!	Jonathan London	Puffin books	Froggy
215	Nina, Nina Ballerina	Jane O'Connor	PUFFIN YOUNG READERS	All Aboard Reading
216	We All Went on Safari	LaurieKrebs	Barefoot Books	
217	Arthur Helps Out	Marc Brown	Little,Brown and Company	Arthur Starter
218	Froggy goes to bed	Jonathan London	Puffin books	Froggy
219	Froggy Learns to Swim	Jonathan London	Puffin books	Froggy
220	Nina, Nina, and the Copycat Ballerina	Jane O'Connor	PENGUIN YOUNG READERS	All Aboard Reading
221	The Gingerbread Kid Goes to School	Joan Holub	Grosset & Dunlap	All Aboard Reading
222	Turtles	Jodi Huelin	Grosset & Dunlap	All Aboard Reading
223	Froggy Rides a Bike	Jonathan London	Puffin books	Froggy
224	Ponies	Pam Pollack, Meg Belviso	Grosset & Dunlap	All Aboard Reading
225	Schools	Richard Northcott	Oxford University Press	Oxford Read and Discovery
226	Fancy NANCY and the Delectable Cupcakes	Jane O'Connor	HarperCollins	Fancy NANCY
227	Fancy NANCY Spectacular Spectacles	Jane O'Connor	HarperCollins	Fancy NANCY
228	Baseball Ballerina	Kathryn Cristaldi	Random House	STEP INTO READING
229	D.W. Rides Again!	Marc Brown		D.W.
230	Froggy Plays in the Band	Jonathan London	Puffin books	Froggy
231	Froggy Plays Soccer	Jonathan London	Puffin books	Froggy
232	Froggy'sDaywithDad	Jonathan London	Puffin books	Froggy
233	Froggy's Sleepover	Jonathan London	Puffin books	Froggy
234	Norma Jean, Jumping Bean	Joanna Cole	Random House	STEP INTO READING
235	Pirate Mom	Deborah Underwood	Random House	STEP INTO READING
236	The Teeny Tiny Woman	Jane O'Connor	Random House	STEP INTO READING
237	Wheels	Rob Sved	Oxford University Press	Oxford Read and Discovery

NO.	TITLE	Author	Publisher	Series
238	Fancy NANCY Too Many Tutus	Jane O'Connor	HarperCollins	Fancy NANCY
239	Fancy NANCY Every Day Is Earth Day	Jane O'Connor	HarperCollins	Fancy NANCY
240	Henry and Mudge-UNDER THE Yellow Moon	CynthiaRylant	Aladdin Paperbacks	Henry and Mudge
241	The Gruffalo	Julia Donaldson	Puffin Books	
242	Fancy NANCY My Family History	Jane O'Connor	HarperCollins	Fancy NANCY
243	BURGER Boy	AlanDurant	Clarion Books	
244	Froggy Goes to School	Jonathan London	Puffin books	Froggy
245	Froggy's Best Christmas	Jonathan London	Puffin books	Froggy
246	Henry and Mudge-AND THE Long Weekend	CynthiaRylant	Aladdin Paperbacks	Henry and Mudge
247	Henry and Mudge-IN THE Green Time	CynthiaRylant	Aladdin Paperbacks	Henry and Mudge
248	Johnny Appleseed My Story	David L.Harrison	Random House	STEP INTO READING
249	Young Cam Jansen and the LOST TOOTH	DavidA.Adler	Puffin Books	
250	Fancy NANCY in Room 1-A	Jane O'Connor	HarperCollins	Fancy NANCY
251	Froggy Eats Out	Jonathan London	Puffin books	Froggy
252	Froggy Goes to the Doctor	Jonathan London	Puffin books	Froggy
253	Henry and Mudge-IN Puddle Trouble	CynthiaRylant	Aladdin Paperbacks	Henry and Mudge
254	I took my Frog to the Library	EricA.Kimmel	Puffin Books	
255	My Father the Dog	ElizabethBluemle	Candlewick Press	
256	The Gruffalo's Child	Julia Donaldson	Puffin Books	
257	Young Cam Jansen and the Molly Shoe Mystery	David A. Adler	Puffin Young Readers	Puffin Young Readers
258	Young Cam Jansen and the New Girl Mystery	David A. Adler	Puffin Young Readers	Puffin Young Readers
259	Arthur's Christmas Cookies	LillianHoban	HarperTrophy	Arthur Readers
260	Froggy's First Kiss	Jonathan London	Puffin books	Froggy
261	Henry and Mudge-AND THE Bedtime Thumps	CynthiaRylant	Aladdin Paperbacks	Henry and Mudge
262	Young Cam Jansen and the Zoo Note Mystery	David A. Adler	Puffin Young Readers	Puffin Young Readers
263	Arthur's Camp-out	LillianHoban	HarperTrophy	Arthur Readers
264	Do Dolphins Really Smile?	LauraDriscoll	Grosset & Dunlap	All Aboard Reading
265	Henry and Mudge-GET THE Cold Shivers	Cynthia Rylant	Aladdin Paperbacks	Henry and Mudge
266	Henry and Mudge-The First Book	Cynthia Rylant	Aladdin Paperbacks	Henry and Mudge
267	Sunny And Rainy	Louise Spilsbury	Oxford University Press	Oxford Read and Discovery
268	Young Cam Jansen and the Spotted Cat Mystery	David A. Adler	Puffin Young Readers	Puffin Young Readers
269	Your Body	Louise Spilsbury	Oxford University Press	Oxford Read and Discovery

NO.	TITLE	Author	Publisher	Series
270	A BARGAIN FOR FRANCES	RussellHoban	HarperTrophy	An I Can Read Book
271	Henry and Mudge-IN THE Sparkle Days	CynthiaRylant	Aladdin Paperbacks	Henry and Mudge
272	Young Cam Jansen and the Pizza Shop Mystery	David A. Adler	Puffin Young Readers	Puffin Young Readers
273	Young Cam Jansen and the Speedy Car Mystery	David A. Adler	Puffin Young Readers	Puffin Young Readers
274	Arthur's Honey Bear	LillianHoban	HarperTrophy	Arthur Readers
275	Arthur's Prize Reader	LillianHoban	HarperTrophy	Arthur Readers
276	Bats	JoyceMilton	Grosset & Dunlap	All Aboard Reading
277	MILDRED and SAM	SharleenCollicott	HarperTrophy	An I Can Read Book
278	Young Cam Jansen and the Library Mystery	David A. Adler	Puffin Young Readers	Puffin Young Readers
279	On the Night You Were Born	NancyTillman	Feiwel&Friends	
280	The Dragon's Scales	Sarah Albee	Random House	STEP INTO READING
281	Arthur's Funny Money	LillianHoban	HarperTrophy	Arthur Readers
282	Arthur's Pen Pal	LillianHoban	HarperTrophy	Arthur Readers
283	Dinosaur Eggs	Jennifer Dussling	Grosset & Dunlap	All Aboard Reading
284	No Roses for HARRY!	Gene Zion	HarperTrophy	
285	Farms	Rachel Bladon	Oxford University Press	Oxford Read and Discovery
286	Why Do Dogs Bark?	Joan Holub	Puffin Young Readers	Puffin Young Readers
287	LOVE YOU FOREVER	Robert Munsch	Firefly Book	
288	Beatrix Potter	Rosie McCormick	Pearson Longman	FourCorners
289	Baby Alligator	Monice Hughes	Ginn and Company	All Aboard Reading
290	I am Growing (I'm Alive)	Mandy Suhr	WAYLAND	Wayland Science Readers
291	Sight (The Senses)	Mandy Suhr	WAYLAND	Wayland Science Readers
292	Best Friends	Roberta Edwards	Grosset & Dunlap	All Aboard Reading
293	Hearing (The Senses)	Mandy Suhr	WAYLAND	Wayland Science Readers
294	The Elephant and the Bad Baby	Elfrida Vipont	Puffin Books	
295	Taste (Senses)	Mandy Suhr	WAYLAND	Wayland Science Readers
296	Touch (The Senses)	Mandy Suhr	WAYLAND	Wayland Science Readers
297	The Runaway Otter	Lynette Evans	WorldCom Inc.	
298	Helping Hands	Lynette Evans	WorldCom Inc.	
299	Keeping Baby Safe	Avelyn Davidson	WorldCom Inc.	
300	Mighty Mammals	Edwin Johns	WorldCom Inc.	
301	PETER'S CHAIR	EzraJackKeats	Scholastic	
302	The Mixed-Up Chameleon	EricCarle	HarperTrophy	
303	The Doorbell Rang	PatHutchins	Scholastic	

NO.	TITLE	Author	Publisher	Series
304	The Missing Tooth	Joanna Cole	Random House	STEP INTO READING
305	What's the Address?	Rachel Griffiths	Pearson Longman	FourCorners
306	Eek! Stories to Make You Shriek	JaneO'Connor	Penguin Books	All Aboard Reading
307	Henry and Mudge-AND THE Careful Cousin	CynthiaRylant	Aladdin Paperbacks	Henry and Mudge
308	HENRY AND MUDGE-AND THE TALL TREE HOUSE	CynthiaRylant	Aladdin Paperbacks	Henry and Mudge
309	HENRY AND MUDGE-AND THE Starry Night	CynthiaRylant	Aladdin Paperbacks	Henry and Mudge
310	HENRY AND MUDGE-AND THE WILD GOOSE CHASE	CynthiaRylant	Aladdin Paperbacks	Henry and Mudge
311	THE ADVENTURES OF THE DISH AND THE SPOON	MiniGrey	Alfred A. Knopf	
312	Tooth Fairy	AudreyWood	Child's Play	
313	Cities	Richard Northcott	Oxford University Press	Oxford Read and Discovery
314	HENRY AND MUDGE-AND Annie's Good Move	CynthiaRylant	Aladdin Paperbacks	Henry and Mudge
315	HENRY AND MUDGE-AND Annie's Perfect Pet	CynthiaRylant	Aladdin Paperbacks	Henry and Mudge
316	Kitten's First Full Moon	KevinHenkes	Greenwillow Books	
317	Once There Was a Seed (Nature's Miracles)	Judith Anderson	WAYLAND	Wayland Science Readers
318	Pirate School	CathyEastDubowski	Penguin Books	All Aboard Reading
319	A Trip to the Zoo	Karen Wallace	DK Publishing	DK Readers
320	Arthur Babysits	Marc Brown		Arthur Adventure
321	Benny the Big Shot Goes to Camp	BonnieBader	PUFFIN YOUNG READERS	All Aboard Reading
322	Dear Tooth Fairy	Jane O'Connor	Penguin Books	All Aboard Reading
323	HENRY AND MUDGE-AND THE Tumbling Trip	CynthiaRylant	Aladdin Paperbacks	Henry and Mudge
324	Oi! Get off our Train	JohnBurningham	Random House	
325	MORRIS'S DISAPPEARING BAG	Rosemary Wells	Puffin Books	
326	NOT NORMAN-A Goldfish Story	KellyBennett	Candlewick Press	
327	Owl Babies	MartinWaddell	Walker Books	
328	Why Do You Cry?	KateKlise	Henry Holt and Co.	
329	20,000 Baseball Cards Under the Sea	Jon Buller	Random House	STEP INTO READING
330	Arthur's Valentine	Marc Brown		Arthur Adventure
331	Earth	Richard Northcott	Oxford University Press	Oxford Read and Discovery
332	George Washington and the General's Dog	FrankMurphy	Random House	STEP INTO READING
333	HENRY AND MUDGE-AND THE Sneaky Crackers	CynthiaRylant	Aladdin Paperbacks	Henry and Mudge

NO.	TITLE	Author	Publisher	Series
334	HENRY AND MUDGE-AND THE Snowman Plan	CynthiaRylant	Aladdin Paperbacks	Henry and Mudge
335	My Granny Went to Market	Stella Blackstone	Barefoot Books	
336	THE SNOWY DAY	EzraJackKeats	Puffin Books	
337	A Grand Old Tree	Mary Newell DePalma	ArthurA.Levine	
338	Arthur'sTVTrouble	Marc Brown		Arthur Adventure
339	Duck & Goose	TadHills	Schwartz & Wade Books	
340	Fins, Wings and Legs	Margaret Clyne & Rachel Griffiths	Pearson Longman	FourCorners
341	Henry and Mudge-AND THE Best Day of All	CynthiaRylant	Aladdin Paperbacks	Henry and Mudge
342	HENRY AND MUDGE-and the Great Grandpas	CynthiaRylant	Aladdin Paperbacks	Henry and Mudge
343	Henry and Mudge-IN THE Family Tree	CynthiaRylant	Aladdin Paperbacks	Henry and Mudge
344	Once There Was a Raindrop (Nature's Miracles)	Judith Anderson	WAYLAND	Wayland Science Readers
345	Oscar's Day	Jenny Vaughan & Cynthia Ben jamin	Pearson Longman	FourCorners
346	Princess Lulu Goes to Camp	KathrynCristaldi	Penguin Books	All Aboard Reading
347	Arthur's First Sleep Over	Marc Brown	Little,Brown and Company	Arthur Adventure
348	Arthur's New Puppy	Marc Brown		Arthur Adventure
349	Arthur'sTeacherTrouble	Marc Brown		Arthur Adventure
350	HENRY AND MUDGE-AND THE FUNNY LUNCH	CynthiaRylant	Aladdin Paperbacks	Henry and Mudge
351	It's Mine!	Leo Lionni	Dragonfly Books	
352	Listen Up!	Monica Kulling	Random House	STEP INTO READING
353	moose TRACKS!	KarmaWilson	Margaret K. McElderry Books	
354	Wemberly Worried	Henkes,Kevin	HarperCollins	
355	Arthur'sHalloween	Marc Brown		Arthur Adventure
356	Arthur'sTooth	Marc Brown		Arthur Adventure
357	GUESS HOW MUCH I LOVE YOU	Sam McBratey	Walker Books	
358	HENRY AND MUDGE-AND MRS. HOPPER'S HOUSE	CynthiaRylant	Aladdin Paperbacks	Henry and Mudge
359	Arthur'sChickenPox	Marc Brown		Arthur Adventure
360	Big sister and Little Sister	CharlotteZolotow	HarperTrophy	
361	Clouds	Jane Manners	Pearson Longman	FourCorners
362	Frog and Toad Are Friends	ArnoldLobel	HarperTrophy	An I Can Read Book
363	Frog and Toad Together	ArnoldLobel	HarperTrophy	An I Can Read Book
364	HENRY AND MUDGE-and a Very Merry Christmas	CynthiaRylant	Aladdin Paperbacks	Henry and Mudge

NO.	TITLE	Author	Publisher	Series
365	Wonderful Water	Cheryl Palin	Oxford University Press	Oxford Read and Discovery
366	Amazing Minibeasts	Cheryl Palin	Oxford University Press	Oxford Read and Discovery
367	Festivals Around the World	Richard Northcott	Oxford University Press	Oxford Read and Discovery
368	MOUSE TALES	ArnoldLobel	HarperTrophy	An I Can Read Book
369	The True Story of the 3 Little Pigs!	Jon Scieszka	Puffin Books	
370	STONE SOUP	AnnMcGovern	Scholastic	
371	Dogteam	GaryPaulsen	Dragonfly Books	
372	Rooster's Off to See the World	EricCarl	Aladdin Paperbacks	
373	Eat Your Vegetables!	Rosie McCormick	Pearson Longman	FourCorners
374	Sound And Music	Richard Northcott	Oxford University Press	Oxford Read and Discovery
375	Your Five Senses	Robert Quinn	Oxford University Press	Oxford Read and Discovery
376	Life in Rainforests	Cheryl Palin	Oxford University Press	Oxford Read and Discovery
377	Room on the Broom	Julia Donaldson	Macmillan McGraw-Hill	
378	SUGAR SNOW	LauraIngallsWilder	HarperCollins	
379	All About Me	Margaret Clyne	Pearson Longman	FourCorners
380	Giant Lizards	Ginjer L. Clarke	Grosset & Dunlap	All Aboard Reading
381	Inventing the Telephone	Sue Graves	Pearson Longman	FourCorners
382	Super Structures	Fiona Undrill	Oxford University Press	Oxford Read and Discovery
383	The Tomten and the Fox	AstridLindgren	A PaperStar Book	
384	WINTER ON THE FARM	LauraIngallsWilder	HarperCollins	
385	Fancy NANCY	RobinPreissGlaser	HarperCollins	FancyNancy
386	Free Time Around the World	Julie Penn	Oxford University Press	Oxford Read and Discovery
387	How We Make Products	Alex Raynham	Oxford University Press	Oxford Read and Discovery
388	Animals In the Air	Robert Quinn	Oxford University Press	Oxford Read and Discovery
389	Someday		Atheneum Books for Young Readers	
390	Don't Do That!	TonyRoss	Red Fox	
391	I Can Move (I'm Alive)	Mandy Suhr	WAYLAND	Wayland Science Readers
392	Levers (Simple Technology)	Mandy Suhr	WAYLAND	Wayland Science Readers
393	Slopes (Simple Technology)	Mandy Suhr	WAYLAND	Wayland Science Readers
394	Wheels and Cogs (Simple Technology)	Mandy Suhr	WAYLAND	Wayland Science Readers
395	Smell (The Senses)	Mandy Suhr	WAYLAND	Wayland Science Readers

NO.	TITLE	Author	Publisher	Series
396	Once There Was a Tadpole (Nature's Miracles)	Judith Anderson	WAYLAND	Wayland Science Readers
397	Once There Was a Caterpillar (Nature's Miracles)	Judith Anderson	WAYLAND	Wayland Science Readers
398	Pulleys (Simple Technology)	Mandy Suhr	WAYLAND	Wayland Science Readers
399	How I Breathe (I'm Alive)	Mandy Suhr	WAYLAND	Wayland Science Readers
400	When I Eat (I'm Alive)	Mandy Suhr	WAYLAND	Wayland Science Readers
401	My Very Big Little World	PeterH.Reynolds	Atheneum Books for Young Readers	
402	Amelia Bedelia Goes Camping	PeggyParish	HarperTrophy	I Can Read
403	Little Beaver and The Echo	AmyMacDonald	Walker Books	
404	Seven Blind Mice	EdYoung	Puffin Books	
405	ARTHUR'S BABY	MarcBrown	Scholastic	Arthur Adventure
406	Mr. Putter & Tabby FEED THE FISH	Cynthia Rylant	Sandpiper	Mr. Putter & Tabby
407	CHARLIE NEEDS A CLOAK	Tomie dePaola	Scholastic	
408	Eat My Dust!: Henry Ford's First Race	Monica Kulling	Random House	STEP INTO READING
409	Mr. Putter & Tabby CATCH THE COLD	Cynthia Rylant	Sandpiper	Mr. Putter & Tabby
410	LETTERS FROM A DESPERATE DOG	Christelow,Eileen	ClarionBooks	
411	Nate The Great Goes Undercover	MarjorieWeinmanSharmat	Yearling	NatetheGreat
412	Owen	KevinHenkes	Greenwillow Books	
413	Buster-The Very Shy Dog	Lisze Bechtold	HoughtonMifflin	
414	Iris and Walter	Elissa Haden Guest	Harcourt, Inc.	Iris and Walter
415	Iris and Walter and Baby Rose	Elissa Haden Guest	Harcourt, Inc.	Iris and Walter
416	Iris and Walter and the Birthday Party	Elissa Haden Guest	Harcourt, Inc.	Iris and Walter
417	Iris and Walter True Friends	Elissa Haden Guest	Harcourt, Inc.	Iris and Walter
418	Mr. Putter & Tabby MAKE A WISH	Cynthia Rylant	Sandpiper	Mr. Putter & Tabby
419	The Bravest Dog Ever : The True Story of Balto	Natalie Standiford	Random House	STEP INTO READING
420	The One in the Middle Is the Green Kangaroo	Judy Blume	Yearling	
421	A IS FOR AMBER What a Trip, Amber Brown	Paula Danziger	Puffin Young Readers	Puffin Young Readers
422	Abe Lincoln's Hat	Martha Brenner	Random House	STEP INTO READING
423	Curious George	H.A. Rey	Houghton Mifflin	Curious George
424	Curious George's First Day of School	H.A. Rey	Houghton Mifflin	Curious George

NO.	TITLE	Author	Publisher	Series
425	Iris and Walter and the Field Trip	Elissa Haden Guest	Harcourt, Inc.	Iris and Walter
426	Iris and Walter The Sleepover	Elissa Haden Guest	Harcourt, Inc.	Iris and Walter
427	Mr. Putter & Tabby TOOT THE HORN	Cynthia Rylant	Sandpiper	Mr. Putter & Tabby
428	Soccer Sam	Jean Marzollo	Random House	STEP INTO READING
429	Whales	Graham Faiella	Grosset & Dunlap	All Aboard Reading
430	A Baby Panda is Born	Kristin Ostby	PUFFIN YOUNG READERS	All Aboard Reading
431	A IS FOR AMBER Second Grade Rules, Amber Brown	Paula Danziger	Puffin Young Readers	Puffin Young Readers
432	Lewis And Clark: A Prairie Dog For The President	Shirley Raye Redmond	Random House	STEP INTO READING
433	MISS NELSON IS BACK	HarryG.Allard	Scholastic	
434	MISS NELSON IS MISSING!	HarryG.Allard	Scholastic	
435	Mr. Putter & Tabby PICK THE PEARS	Cynthia Rylant	Sandpiper	Mr. Putter & Tabby
436	Mr. Putter & Tabby ROW THE BOAT	Cynthia Rylant	Sandpiper	Mr. Putter & Tabby
437	Mr. Putter & Tabby SEE THE STARS	Cynthia Rylant	Sandpiper	Mr. Putter & Tabby
438	Volcanoes	Nicholas Nirgiotis	Grosset & Dunlap	All Aboard Reading
439	Dolphins!	Sharon Bokoske &Margaret Davidson	Random House	STEP INTO READING
440	Iris and Walter and Cousin Howie	Elissa Haden Guest	Harcourt, Inc.	Iris and Walter
441	Iris and Walter The School Play	Elissa Haden Guest	Harcourt, Inc.	Iris and Walter
442	Mr. Putter & Tabby BAKE THE CAKE	Cynthia Rylant	Sandpiper	Mr. Putter & Tabby
443	Mr. Putter & Tabby PAINT THE PORCH	Cynthia Rylant	Sandpiper	Mr. Putter & Tabby
444	Mr. Putter & Tabby POUR THE TEA	Cynthia Rylant	Sandpiper	Mr. Putter & Tabby
445	Mr. Putter & Tabby WALK THE DOG	Cynthia Rylant	Sandpiper	Mr. Putter & Tabby
446	Catching the Wind	Lynn Blanche	Pearson Longman	FourCorners
447	Dear Mr. Blueberry	James,Simon	Aladdin Paperbacks	
448	Emperor Penguins	Roberta Edwards	Grosset & Dunlap	All Aboard Reading
449	HowNottoStartThirdGrade	Cathy Hapka & Ellen Titlebaum	Random House	STEP INTO READING
450	Nate the Great and the Musical Note	MarjorieWeinmanSharmat	Yearling	NatetheGreat
451	Nate The Great and the STOLEN BASE	MarjorieWeinmanSharmat	Yearling	NatetheGreat
452	Pink Snow	Jennifer Dussling	Grosset & Dunlap	All Aboard Reading
453	The First Thanksgiving	Linda Hayward	Random House	STEP INTO READING

NO.	TITLE	Author	Publisher	Series
454	THE VERY HUNGRY CATERPILLAR	EricCarle	Scholastic	
455	Wagon Train	Sydelle Kramer	Grosset & Dunlap	All Aboard Reading
456	Curious George and the Puppies	H.A. Rey	Houghton Mifflin	Curious George
457	Fun With Shadows	Sharon Siamon,Jeff Siamon & Cynthia Benjamin	Pearson Longman	FourCorners
458	Iris and Walter and the Substitute Teacher	Elissa Haden Guest	Harcourt, Inc.	Iris and Walter
459	Mr. Putter & Tabby SPIN THE YARN	Cynthia Rylant	Sandpiper	Mr. Putter & Tabby
460	Mr. Putter & Tabby TAKE THE TRAIN	Cynthia Rylant	Sandpiper	Mr. Putter & Tabby
461	Nate The Great and the MUSHY VALENTINE	MarjorieWeinmanSharmat	Yearling	NatetheGreat
462	THE HIDDEN FEAST		August House	
463	The Titanic Lost...and Found	Judy Donnelly	Random House	STEP INTO READING
464	CAPS FOR SALE	EsphyrSlobodkina	Scholastic	
465	Mr. Putter & Tabby WRITE THE BOOK	Cynthia Rylant	Sandpiper	Mr. Putter & Tabby
466	Nate The Great and the Fishy Prize	MarjorieWeinmanSharmat	Yearling	NatetheGreat
467	Thomas Jefferson's Feast	Frank Murphy	Random House	STEP INTO READING
468	Cheetah Cubs	Ginjer L. Clarke	PUFFIN YOUNG READERS	All Aboard Reading
469	Egyptian Gods and Goddesses	Henry Barker	Grosset & Dunlap	All Aboard Reading
470	WHEN THE WIND STOPS	CharlotteZolotow	HarperCollins	
471	Changing Shores	Pamela Jennett	Pearson Longman	FourCorners
472	Coral Reefs in Danger	Samantha Brooke	Grosset & Dunlap	All Aboard Reading
473	Curious George Feeds the Animals	H.A. Rey	Houghton Mifflin	Curious George
474	Curious George Makes Pancakes	H.A. Rey	Houghton Mifflin	Curious George
475	Giant Squid	JenniferDussling	Grosset & Dunlap	All Aboard Reading
476	OFFICER BUCKLE AND GLORIA	PeggyRathmann	G.P.Putnam's sons	
477	The Fly on the Ceiling: A Math Reader	Julie Glass	Random House	STEP INTO READING
478	The Little Mermaid	Deborah Hautzig	Random House	STEP INTO READING
479	BlackOut! Animals that Live in the Dark	Ginjer L. Clarke	Grosset & Dunlap	All Aboard Reading
480	Mr. Putter & Tabby FLY THE PLANE	Cynthia Rylant	Sandpiper	Mr. Putter & Tabby
481	Mummies	JoyceMilton	Grosset & Dunlap	All Aboard Reading
482	Ben Franklin and the Magic Squares	Frank Murphy	Random House	STEP INTO READING
483	Bug Out!	GinjerL.Clarke	Grosset & Dunlap	All Aboard Reading

NO.	TITLE	Author	Publisher	Series
484	Curious George Takes a Job	H.A. Rey	Houghton Mifflin	Curious George
485	Escape North! The story of Harriet Tubman	Monica Kulling	Random House	STEP INTO READING
486	Freak Out!	GinjerL.Clarke	Grosset & Dunlap	All Aboard Reading
487	THE THREE BEARS	Paul Galdone	Scholastic	
488	Alexander and the Terrible, Horrible, No Good, Very Bad day	JudithViorst	Scholastic	
489	Amazing Arctic Animals	JackieGlassman	Grosset & Dunlap	All Aboard Reading
490	Helen Keller:Courage in the Dark	Johanna Hurwitz	Random House	STEP INTO READING
491	Ice Mummy	Mark Dubowski	Random House	STEP INTO READING
492	ROGER THE JOLLY PIRATE	BrettHelquist	HarperCollins	
493	John Patrick Norman McHennessy, the boy who was always late	JohnBurningham	Red Fox	
494	Miss Smith's Incredible Storybook	MichaelGarland	Puffin Books	
495	The Giant Jam Sandwich	JohnVernonLord	Houghton Mifflin	
496	The Gigantic Turnip		Barefoot Books	
497	The Paper Bag Princess	RobertN.Munsch	Annick Press Ltd.	
498	DUCK for President	DoreenCronin	Simon & Schuster	
499	THE LOTUS SEED	Sherry Garland	Voyager Books	
500	Volcanoes!MountainsofFire	Eric Arnold	Random House	STEP INTO READING
501	Teach Us. Amelia Bedelia	PeggyParish	HarperTrophy	An I Can Read Book
502	ABIYOYO	Pete Seeger	Scholastic	
503	Sausage and the Little Visitor	Michaela Morgan		Comic Rockets
504	Sausage and the Spooks	Morgan, Michaela		Comic Rockets
505	Sausage in Trouble	Michaela Morgan		Comic Rockets
506	Calling Doctor, Amelia Bedelia	HermanParish	HarperTrophy	An I Can Read Book
507	Dinosaur Dinners	Lee Davis	DK Publishing	DK Readers
508	Mr Croc's Clock	Rodgers, Frank		Comic Rockets
509	Piggie Pie	MargiePalatini	Clarion Books	
510	How Not to Babysit Your Brother	Cathy Hapka & Ellen Titlebaum	Random House	STEP INTO READING
511	Junie B. Jones Smells Something Fishy	Barbara Park	Random House	JunieB.Jones
512	GEORGE AND MARTHA	JamesMarshall	Houghton Mifflin	
513	Horrid Henry's Revenge	Francesca Simon	Orion Publishing	HorridHenry
514	Junie B. Jones and Loves Handsome Warren	Barbara Park	Random House	JunieB.Jones
515	Junie B. Jones Has a Monster Under Her Bed	Barbara Park	Random House	JunieB.Jones
516	Mummies in the Morning	Mary Pope Osborne	Random House	MagicTreeHouse

NO.	TITLE	Author	Publisher	Series
517	Night of the Ninjas	Mary Pope Osborne	Random House	MagicTreeHouse
518	Grandad's Boneshaker Bicycle	West, Colin		Comic Rockets
519	MARVIN REDPOST3; Is He a Girl?	Louis Sachar	Random House	MARVIN REDPOST
520	Junie B. Jones and that Meanie Jim's Birthday	Barbara Park	Random House	JunieB.Jones
521	Junie B. Jones Is a Beauty Shop Guy	Barbara Park	Random House	JunieB.Jones
522	MARVIN REDPOST1; Kidnapped at Birth?	Louis Sachar	Random House	MARVIN REDPOST
523	Mr. Croc's Silly Sock	Rodgers, Frank		Comic Rockets
524	Mr. Croc's Walk	Rodgers, Frank		Comic Rockets
525	Voices IN THE PARK	AnthonyBrowne	DK Publishing	
526	What Mr Croc Forgot	Rodgers, Frank	A & C Black Publishers Ltd	Comic Rockets
527	Junie B. Jones and a Little Monkey business	Barbara Park	Random House	JunieB.Jones
528	Junie B. Jones and some Sneaky Peeky Spying	Barbara Park	Random House	JunieB.Jones
529	Junie B. Jones and the Stupid Smelly Bus	Barbara Park	Random House	JunieB.Jones
530	Alexander and the Wind-up Mouse	LeoLionni	Dragonfly Books	
531	Horrid Henry's Nits	Francesca Simon	Littlehampton Book Services LTD.	HorridHenry
532	Junie B. Jones Is not a Crook	Barbara Park	Random House	JunieB.Jones
533	Lions at Lunchtime	Mary Pope Osborne	Random House	MagicTreeHouse
534	The Zack Files-Never Trust a Cat Who Wears Earrings	DanGreenburg	Grosset & Dunlap	TheZackFiles
535	Uncle-and-Auntie PAT	West, Colin		Comic Rockets
536	HARRY-THE DIRTY DOG	GeneZion	Scholastic	
537	How I Became a Pirate	MelindaLong	Harcourt, Inc.	
538	RUBY THE COPYCAT	PeggyRathmann	Scholastic	
539	THE WOLF WHO CRIED BOY	Bob Hartman	Puffin Books	
540	Bugs! Bugs! Bugs!	Jennifer Dussling	DK Publishing	DK Readers
541	FLAT STANLEY Stanley's Christmas Adventure	Jeff Brown	HarperCollins	FLATSTANLEY
542	FLAT STANLEY Invisible Stanley	Jeff Brown	HarperCollins	FLATSTANLEY
543	FLAT STANLEY Stanley, Flat Again!	Jeff Brown	HarperCollins	FLATSTANLEY
544	Horrid Henry	Francesca Simon	Littlehampton Book Services LTD.	HorridHenry
545	Horrid Henry Gets Rich Quick	Francesca Simon	Orion Publishing	HorridHenry

NO.	TITLE	Author	Publisher	Series
546	Jenny the Joker	West, Colin		Comic Rockets
547	A CHAIR FOR MY MOTHER	VeraB,Williams	Scholastic	
548	IBIS-A True whale Story	JohnHimmelman	Scholastic	
549	The secret Science Project that Almost ate The School	JudySierra	Simon & Schuster	
550	The Zack Files-Great-Grandpa's in the Litter Box	DanGreenburg	Grosset & Dunlap	TheZackFiles
551	A New Coat for Anna	Harriet Ziefert	Scholastic	
552	Choppers!	Susan E,Goodman& Michael J.Doolittle	Random House	STEP INTO READING
553	MILLIONS OF CATS	WandaGa'g	Scholastic	
554	ONE FINE DAY	Nonny Hogrogian	Aladdin Paperbacks	
555	Incredible Earth	Richard Northcott	Oxford University Press	Oxford Read and Discovery
556	The Great Houdini	Monica Kulling	Random House	STEP INTO READING
557	DANCE AT GRANDPA'S	Laura Ingalls Wilder	HarperCollins	
558	IT COULD ALWAYS BE WORSE	MargotZemach	Farrar Straus Giroux	
559	Wonders of the Past	Kathryn Harper	Oxford University Press	Oxford Read and Discovery
560	THE EMPTY POT	Demi	Henry Holt and Co.	
561	All About Plants	Julie Penn	Oxford University Press	Oxford Read and Discovery
562	FLAT STANLEY Stanley in Space	Jeff Brown	HarperCollins	FLATSTANLEY
563	How to Stay Healthy	Julie Penn	Oxford University Press	Oxford Read and Discovery
564	Machines Then and Now	Robert Quinn	Oxford University Press	Oxford Read and Discovery
565	The Giant Hug	SandraHorning	Alfred A, Knopf	
566	ACROSS THE ALLEY	RichardMichelson	G.P.Putnam's sons	
567	School for Sausage	Michaela Morgan		Comic Rockets
568	All About Desert Life	Julie Penn	Oxford University Press	Oxford Read and Discovery
569	BLUEBERRIES FOR SAL	RobertMcCloskey	Puffin Books	
570	Is A Worry Worrying You?	Ferida Wolff & Harriet May Savitz	Tanglewood Press	
571	Jack and the Beanstalk	Richard Walker	Barefoot Books	
572	Wild Cats	Mary Batten	Random House	STEP INTO READING
573	Hungry Plants	Mary Batten	Random House	STEP INTO READING
574	One Potato, Two Potato	CynthiaDefelice	Farrar Straus Giroux	
575	THE POPCORN BOOK	TomiedePaola	Scholastic	
576	THE RUNAWAY DINNER	AllanAhlberg	CandlewickPress	
577	THE FIVE CHINESE BROTHERS	ClaireHuchetBishop	Penguin Books	

NO.	TITLE	Author	Publisher	Series
578	OX-CART MAN	DonaldHall	Puffin Books	
579	Rover the Champion	Powling, Chris		Comic Rockets
580	Amazing Buildings	KateHayden	DK Publishing	DK Readers
581	Granny's Jungle Garden	West, Colin		Comic Rockets
582	Homes Around the World	Jacqueline Martin	Oxford University Press	Oxford Read and Discovery
583	All About Ocean Life	Rachel Bladon	Oxford University Press	Oxford Read and Discovery
584	Rover Shows Off	Powling, Chris		Comic Rockets
585	The Posh Party	Anderson, Scoular		Comic Rockets
586	Rover's Birthday	Powling, Chris		Comic Rockets
587	Rover Goes to School	Powling, Chris		Comic Rockets
588	Transportation Then and Now	James Styring	Oxford University Press	Oxford Read and Discovery
589	We're Sailing Down the Nile	Laune Krebs	Barefoot Books	
590	Animals At Night	Rachel Bladon	Oxford University Press	Oxford Read and Discovery
591	Why We Recycle	Fiona Undrill	Oxford University Press	Oxford Read and Discovery
592	Smudger and the Smelly Fish	Ryan, Margaret		Comic Rockets
593	The Potty Panto	Anderson, Scoular		Comic Rockets
594	The Muddled Monsters	Anderson, Scoular	A & C Black Publishers Ltd	Comic Rockets
595	Animals In Art	Richard Northcott	Oxford University Press	Oxford Read and Discovery
596	Captain Motley and the Pirates' Gold	Ryan, Margaret		Comic Rockets
597	Doris's Brilliant Birthday	Ryan, Margaret		Comic Rockets
598	Kevin and the Pirate Test	Ryan, Margaret		Comic Rockets
599	Medicine Then and Now	Louise Spilsbury Spilsbury	Oxford University Press	Oxford Read and Discovery
600	The Perfect Pizza	Anderson, Scoular		Comic Rockets
601	Caring for Our Planet	Joyce Hannam	Oxford University Press	Oxford Read and Discovery
602	Afternoon on the Amazon	Mary Pope Osborne	Random House	MagicTreeHouse
603	Junie B., First Grader (at last!)	Barbara Park	Random House	JunieB.Jones
604	THE GLORIOUS FLIGHT	AliceandMartinProvensen	Puffin Books	
605	Horrid Henry and the Bogey Babysitter	Francesca Simon	Orion Publishing	HorridHenry
606	I'm Out Of My Body...Please Leave A Message	Dan Greenburg	Grosset & Dunlap	TheZackFiles
607	Junie B. Jones and the Yucky Blucky Fruitcake	Barbara Park	Random House	JunieB.Jones
608	Junie B. Jones Is (almost) a Flower Girl	Barbara Park	Random House	JunieB.Jones
609	Roscoe Riley Rules; Never Swipe a Bully's Bear	Katherine Applegate	HarperCollins	RoscoeRileyRules

NO.	TITLE	Author	Publisher	Series
610	Junie B. Jones Is a Party Animal	Barbara Park	Random House	JunieB.Jones
611	Junie B. Jones Is Captain Field Day	Barbara Park	Random House	JunieB.Jones
612	Junie B., First Grader Boss of Lunch	Barbara Park	Random House	JunieB.Jones
613	Midnight on the Moon	Mary Pope Osborne	Random House	MagicTreeHouse
614	Pirates Past Noon	Mary Pope Osborne	Random House	MagicTreeHouse
615	Alone in His Teacher's house	Louis Sachar	Random House	MARVIN REDPOST
616	Dr.Jekyll,Orthodontist	Dan Greenburg	Grosset & Dunlap	TheZackFiles
617	Junie B. Jones and the Mushy Gushy Valentime	Barbara Park	Random House	JunieB.Jones
618	Junie B. Jones Has a Peep in Her Pocket	Barbara Park	Random House	JunieB.Jones
619	**Junie B., First Grader BOO···and I MEAN IT!**	Barbara Park	Random House	JunieB.Jones
620	Roscoe Riley Rules; Don't Swap Your Sweater for a Dog	Katherine Applegate	HarperCollins	RoscoeRileyRules
621	Roscoe Riley Rules; Never Glue Your Friends to Chairs	Katherine Applegate	HarperCollins	RoscoeRileyRules
622	Ghost Town at Sundown	Mary Pope Osborne	Random House	MagicTreeHouse
623	Horrid Henry's Haunted House	Francesca Simon	Orion Publishing	HorridHenry
624	Junie B. Jones and her Big Fat Mouth	BarbaraPark	Random House	JunieB.Jones
625	Junie B. Jones Is a Graduation Girl	Barbara Park	Random House	JunieB.Jones
626	Junie B., First Grader One-Man Band	Barbara Park	Random House	JunieB.Jones
627	Roscoe Riley Rules; Never Swim in Applesauce	Katherine Applegate	HarperCollins	RoscoeRileyRules
628	Sunset of the Sabertooth	Mary Pope Osborne	Random House	MagicTreeHouse
629	Tigers at Twilight	Mary Pope Osborne	Random House	MagicTreeHouse
630	ZAP!I'maMindReader	Dan Greenburg	Grosset & Dunlap	TheZackFiles
631	A Magic Crystal?	Louis Sachar	Random House	MARVIN REDPOST
632	BozotheClone	Dan Greenburg	Grosset & Dunlap	TheZackFiles
633	Dolphins at Daybreak	Mary Pope Osborne	Random House	MagicTreeHouse
634	Freckle Juice	JudyBlume	Yearling	
635	Frederick	LeoLionni	Dragonfly Books	
636	Junie B., First Grader Cheater Pants	Barbara Park	Random House	JunieB.Jones
637	Junie B., First Grader Shipwrecked	Barbara Park	Random House	JunieB.Jones

NO.	TITLE	Author	Publisher	Series
638	Roscoe Riley Rules; Don't Tap-Dance on Your Teacher	Katherine Applegate	HarperCollins	RoscoeRileyRules
639	Roscoe Riley Rules; Never Walk in Shoes that Talk	Katherine Applegate	HarperCollins	RoscoeRileyRules
640	Tonight on the Titanic	Mary Pope Osborne	Random House	MagicTreeHouse
641	A Flying Birthday Cake?	Louis Sachar	Random House	MARVIN REDPOST
642	CHRISTMAS IN THE TRENCHES	JohnMcCutcheon	Peachtree	
643	Dingoes at Dinnertime	Mary Pope Osborne	Random House	MagicTreeHouse
644	Enemy Pie	Derek Munson	Chronicle books	
645	MADELINE'S CHRISTMAS	LudwigBemelmans	Penguin Books	
646	MADELINE'S RESCUE	Ludwig Bemelmans	Puffin Books	
647	Owl Moon	JaneYolen	Scholastic	
648	Roscoe Riley Rules; Never Race a Runaway Pumpkin	Katherine Applegate	HarperCollins	RoscoeRileyRules
649	Twister on Tuesday	Mary Pope Osborne	Random House	MagicTreeHouse
650	Buffalo Before Breakfast	Mary Pope Osborne	Random House	MagicTreeHouse
651	Day of the Dragon King	Mary Pope Osborne	Random House	MagicTreeHouse
652	Earthquake in the Early Morning	Mary Pope Osborne	Random House	MagicTreeHouse
653	Good Morning, Gorillas	Mary Pope Osborne	Random House	MagicTreeHouse
654	Horrid Henry's Underpants	Francesca Simon	Littlehampton Book Services LTD.	HorridHenry
655	Hour of the Olympics	Mary Pope Osborne	Random House	MagicTreeHouse
656	Polar Bears Past Bedtime	MaryPopeOsborne	Random House	MagicTreeHouse
657	Stage Fright on a Summer Night	Mary Pope Osborne	Random House	MagicTreeHouse
658	Thanksgiving on Thursday	Mary Pope Osborne	Random House	MagicTreeHouse
659	The Falcon's Feathers	Ron Roy	Random House	A to Z
660	Vacation Under the Volcano	Mary Pope Osborne	Random House	MagicTreeHouse
661	Viking Ships at Sunrise	Mary Pope Osborne	Random House	MagicTreeHouse
662	Civil War on Sunday	Mary Pope Osborne	Random House	MagicTreeHouse
663	Class President	Louis Sachar	Random House	MARVIN REDPOST
664	High Tide in Hawaii	Mary Pope Osborne	Random House	MagicTreeHouse
665	The Absent Author	Ron Roy	Random House	A to Z
666	The Canary Caper	Ron Roy	Random House	A to Z
667	The Deadly Dungeon	Ron Roy	Random House	A to Z
668	The Haunted Hotel	Ron Roy	Random House	A to Z

부록

NO.	TITLE	Author	Publisher	Series
669	The Kidnapped King	Ron Roy	Random House	A to Z
670	The Old Woman Who Named Things	CynthiaRylant	Voyager Books	
671	The Zack Files-The Volcano Goddess Will See you Now	DanGreenburg	Grosset & Dunlap	TheZackFiles
672	Revolutionary War on Wednesday	Mary Pope Osborne	Random House	MagicTreeHouse
673	The Empty Envelope	Ron Roy	Random House	A to Z
674	The Vampire's Vacation	Ron Roy	Random House	A to Z
675	The Unwilling Umpire	Ron Roy	Random House	A to Z
676	Doctor De Soto	WilliamSteig	Scholastic	
677	SAM, BANGS & MOONSHINE	EvalineNess	Henry Holt and Co.	
678	Super Fast, Out of control!	Louis Sachar	Random House	MARVIN REDPOST
679	DINOSAURS BEWARE!: A Safety Guide	Marc Brown	Little,Brown and Company	Dino Life Guides
680	Horrid Henry's Christmas Cracker	Francesca Simon	Orion Publishing	HorridHenry
681	THE MAN WHO WALKED BETWEEN THE TOWERS	Mordicai Gerstein	Square Fish	
682	Miss Rumphius	BarbaraCooney	Puffin Books	
683	The Lucky Lottery	Ron Roy	Random House	A to Z
684	The Talking T. Rex	Ron Roy	Random House	A to Z
685	Rumpelstiltskin	RetoldbyPaulO. Zelinsky	Puffin Books	
686	A STORY A STORY	Gail E. Haley	Aladdin Paperbacks	
687	Hachiko	Pamela S. Turner	Houghton Mifflin	
688	THE LITTLE HOUSE	VirginiaLeeBurton	Houghton Mifflin	
689	THE TALKING EGGS	RobertD.SanSouci	Scholastic	
690	The Last Day of School	Louise Borden	Margaret K. McElderry Books	
691	Food Around the World	Robert Quinn	Oxford University Press	Oxford Read and Discovery
692	Helping Around the World	Sarah Medina	Oxford University Press	Oxford Read and Discovery
693	Materials to Products	Alex Raynham	Oxford University Press	Oxford Read and Discovery
694	All About Islands	James Styring	Oxford University Press	Oxford Read and Discovery
695	Earth Then and Now	Robert Quinn	Oxford University Press	Oxford Read and Discovery
696	All About Space	Alex Raynham	Oxford University Press	Oxford Read and Discovery
697	Animal Life Cycles	Rachel Bladon	Oxford University Press	Oxford Read and Discovery
698	Wild Weather	Jacqueline Martin	Oxford University Press	Oxford Read and Discovery
699	Wonderful Ecosystems	Louise Spilsbury Spilsbury	Oxford University Press	Oxford Read and Discovery
700	Exploring Our World	Jacqueline Martin	Oxford University Press	Oxford Read and Discovery

NO.	TITLE	Author	Publisher	Series
701	Chili for Lindy	Joanna Korba	Houghton Mifflin	
702	Tacky and the WINTER GAMES	Helen Lester	Houghton Mifflin	
703	A Cheese-Colored Camper	Geronimo Stilton	Scholastic	Geronimo Stilton
704	How Many Days to America?-A THANKSGIVING STORY	EveBunting	Clarion Books	
705	It's Halloween, You 'Fraidy Mouse!	Geronimo Stilton	Scholastic	Geronimo Stilton
706	Julian, Secret Agent	AnnCameron	Random House	STEPPING STONES
707	Julian's Glorious Summer	AnnCameron	Random House	
708	The Zack Files-Evil Queen Tut and the Great Ant Pyramids	DanGreenburg	Grosset & Dunlap	TheZackFiles
709	Yikes! Grandma's A Teenager	Dan Greenburg	Grosset & Dunlap	TheZackFiles
710	All Because of a Cup of Coffee	Geronimo Stilton	Scholastic	Geronimo Stilton
711	HangaLeftatVenus	Dan Greenburg	Grosset & Dunlap	TheZackFiles
712	Horrid Henry's Stinkbomb	Francesca Simon	Orion Publishing	HorridHenry
713	My Name Is Stilton, Geronimo Stilton	Geronimo Stilton	Scholastic	Geronimo Stilton
714	The Bald Bandit	Ron Roy	Random House	A to Z
715	The Boy Who Cried Bigfoot	Dan Greenburg	Grosset & Dunlap	TheZackFiles
716	Through The Medicine Cabinet	Dan Greenburg	Grosset & Dunlap	TheZackFiles
717	ANDREW LOST ON THE DOG	J. C. Greenburg	Random House	ANDREW LOST
718	Elvis the Turnip...and..	Dan Greenburg	Grosset & Dunlap	TheZackFiles
719	Greenish Eggs And Dinosaurs	Dan Greenburg	Grosset & Dunlap	TheZackFiles
720	My Rotten Redheaded Older Brother	Patricia Polacco	Aladdin Paperbacks	
721	The Goose's Gold	Ron Roy	Random House	A to Z
722	TheMisfortuneCookie	Dan Greenburg	Grosset & Dunlap	TheZackFiles
723	Trapped In The Museum Of Unnatural History	Dan Greenburg	Grosset & Dunlap	TheZackFiles
724	Aliens for Dinner	Stephanie Spinner	Random House	STEPPING STONES
725	ELENA'S SERENADE	Campbell Geeslin	Atheneum Books for Young Readers	
726	How To Speak Dolphin In Three Easy Lessons	Dan Greenburg	Grosset & Dunlap	TheZackFiles
727	My Grandma, Major-League Slugger	Dan Greenburg	Grosset & Dunlap	TheZackFiles
728	Now You See Me...Now You Don't	Dan Greenburg	Grosset & Dunlap	TheZackFiles
729	ANDREW LOST IN THE GARDEN	J. C. Greenburg	Random House	ANDREW LOST
730	ANDREW LOST IN THE JUNGLE	J. C. Greenburg	Random House	ANDREW LOST

NO.	TITLE	Author	Publisher	Series
731	ANDREW LOST WITH THE BATS	J. C. Greenburg	Random House	ANDREW LOST
732	Bippity Bop Barbershop	Natasha Anastasia Tarpley	Little,Brown and Company	
733	How I Fixed The Year 1000 Problem	Dan Greenburg	Grosset & Dunlap	TheZackFiles
734	MeandMyMummy	Dan Greenburg	Grosset & Dunlap	TheZackFiles
735	Rocks in His Head	Hurst, Carol Otis	HarperCollins	
736	The Bears On Hemlock Mountain	AliceDalgliesh	Aladdin Paperbacks	
737	The Jaguar's Jewel	Ron Roy	Random House	A to Z
738	The Panda Puzzle	Ron Roy	Random House	A to Z
739	This Body's Not Big Enough For Both Of Us	Dan Greenburg	Grosset & Dunlap	TheZackFiles
740	A CHILD'S CALENDAR	John Updike	Holiday House	
741	ANDREW LOST IN THE KITCHEN	J. C. Greenburg	Random House	ANDREW LOST
742	ELBERT'S BAD WORD	Wood,Audrey	Harcourt, Inc.	
743	HAWK, I'M YOUR BROTHER	ByrdBaylor	Aladdin Paperbacks	
744	Horrid Henry And The Abominable Snowman	Francesca Simon	Orion Publishing	HorridHenry
745	Horrid Henry Robs the Bank	Francesca Simon	Orion Publishing	HorridHenry
746	It'sItchcraft!	Dan Greenburg	Grosset & Dunlap	TheZackFiles
747	MIRETTE ON THE HIGH WIRE	EmilyArnoldMcCully	Scholastic	
748	THE FIELD DAY FROM THE BLACK LAGOON	Mike Thaler	Scholastic	
749	The Invisible Island	Ron Roy	Random House	A to Z
750	The Magic School Bus-Inside the Earth	JoannaCole	Scholastic	
751	The Orange Outlaw	Ron Roy	Random House	A to Z
752	The Runaway Racehorse	Ron Roy	Random House	A to Z
753	The White Wolf	Ron Roy	Random House	A to Z
754	TRACTION MAN IS HERE	Mini Grey	Red Fox	
755	Aliens for Lunch	Stephanie Spinner	Random House	STEPPING STONES
756	ANDREW LOST IN THE BATHROOM	J. C. Greenburg	Random House	ANDREW LOST
757	ANDREW LOST IN THE DEEP	J. C. Greenburg	Random House	ANDREW LOST
758	ANDREW LOST IN THE WHALE	J. C. Greenburg	Random House	ANDREW LOST
759	ANDREW LOST WITH THE FROGS	J. C. Greenburg	Random House	ANDREW LOST
760	Chicken Sunday	Patricia Polacco	Paperstar	
761	Grandmama's Pride	Becky Birtha		
762	Just Add Water-And Scream!	Dan Greenburg	Grosset & Dunlap	TheZackFiles
763	THE MUD PONY	CaronLeeCohen	Scholastic	
764	The Ninth Nugget	Ron Roy	Random House	A to Z

NO.	TITLE	Author	Publisher	Series
765	The Quicksand Question	Ron Roy	Random House	A to Z
766	The School Skeleton	Ron Roy	Random House	A to Z
767	ANDREW LOST IN THE DESERT	J. C. Greenburg	Random House	ANDREW LOST
768	ANDREW LOST IN THE ICE AGE	J. C. Greenburg	Random House	ANDREW LOST
769	ANDREW LOST ON EARTH	J. C. Greenburg	Random House	ANDREW LOST
770	ANDREW LOST ON THE REEF	J. C. Greenburg	Random House	ANDREW LOST
771	ANDREW LOST UNDER WATER	J. C. Greenburg	Random House	ANDREW LOST
772	ANDREW LOST WITH THE DINOSAURS	J. C. Greenburg	Random House	ANDREW LOST
773	Mama Panya's Pancakes	Mary Chamberlin	Barefoot Books	
774	The X'ed-Out X-Ray	Ron Roy	Random House	A to Z
775	The Zombie Zone	Ron Roy	Random House	A to Z
776	ANDREW LOST IN THE GARBAGE	J. C. Greenburg	Random House	ANDREW LOST
777	THE AMAZING BONE	WilliamSteig	Farrar Straus Giroux	
778	The Yellow Yacht	Ron Roy	Random House	A to Z
779	Alice and Greta	Steven J. Simmons		
780	ANDREW LOST IN TIME	J. C. Greenburg	Random House	ANDREW LOST
781	ANDREW LOST IN UNCLE AL	J. C. Greenburg	Random House	ANDREW LOST
782	SONG AND DANCE MAN	Karen Ackerman	Scholastic	
783	Sylvester AND THE MAGIC PEBBLE	William Steig	Aladdin Paperbacks	
784	THE ENORMOUS CROCODILE	Roald Dahl	Puffin Books	Roald Dahl 2007
785	The Missing Mummy	Ron Roy	Random House	A to Z
786	BUFFALO WOMAN	Paul Goble	Aladdin Paperbacks	
787	MAKE WAY FOR DUCKLINGS	RobertMcCloskey	Viking	
788	Aunt Chip and the Great Triple Creek Dam Affair	PatriciaPolacco	Philomel Books	
789	THE LEGEND OF THE BLUEBONNET	TomiedePaola	Scholastic	
790	Horrid Henry's Football Fiend	Francesca Simon	Orion Publishing	HorridHenry
791	RAPUNZEL	PaulO.Zelinsky	Puffin Books	
792	ThetoughestCowboy	JohnFrank	Simon & Schuster	
793	LENTIL	RobertMcCloskey	Puffin Books	
794	Swamp Angel	AnneIsaacs	Puffin Books	
795	Who's that Stepping on Plymouth Rock?	Jean Fritz	Scholastic	
796	The Best Christmas Pageant Ever	Barbara Robinson	HarperTrophy	
797	TEAMMATES	PeterGolenbock	Voyager Books	
798	THE SUN EGG	ElsaBeskow	Floris Books	

NO.	TITLE	Author	Publisher	Series
799	Barack Obama: An American Story	Roberta Edwards	Grosset & Dunlap	
800	The Secret Garden	Frances Hodgson Burnett	Random House	STEPPING STONES
801	Frankenstein	LarryWeinberg	Random House	STEPPING STONES
802	Miami Gets it Straight	Patricia C. McKissack	San Val	RH-SS(Humor)
803	Mysteries Of Sherlock Holmes	Conan Doyle	Random House	STEPPING STONES
804	Four Mice Deep in the Jungle	Geronimo Stilton	Scholastic	Geronimo Stilton
805	The Magic Finger	Roald Dahl	Puffin Books	Roald Dahl 2007
806	The Secret of Cacklefur Castle	Geronimo Stilton	Scholastic	Geronimo Stilton
807	Merry Christmas, Geronimo!	Geronimo Stilton	Scholastic	Geronimo Stilton
808	Watch Your Whiskers, Stilton!	Geronimo Stilton	Scholastic	Geronimo Stilton
809	The Wild, Wild West	Geronimo Stilton	Scholastic	Geronimo Stilton
810	Cat and Mouse in a Haunted House	Geronimo Stilton	Scholastic	Geronimo Stilton
811	Don'tCountonDracula	Dan Greenburg	Grosset & Dunlap	TheZackFiles
812	My Teacher Ate My Homework	Dan Greenburg	Dan Greenburg	TheZackFiles
813	Paws Off, Cheddarface!	Geronimo Stilton	Scholastic	Geronimo Stilton
814	Surf's Up, Geronimo!	Geronimo Stilton	Scholastic	Geronimo Stilton
815	A Fabumouse Vacation for Geronimo	Geronimo Stilton	Scholastic	Geronimo Stilton
816	Field Trip to Niagara Falls	Geronimo Stilton	Scholastic	Geronimo Stilton
817	How I Went From Bad To Verse	Dan Greenburg	Grosset & Dunlap	TheZackFiles
818	I'm Too Fond of My Fur!	Geronimo Stilton	Scholastic	Geronimo Stilton
819	Koko's Kitten	Dr. Francine Patterson	Scholastic	
820	Lon Po Po	EdYoung	Scholastic	
821	Shipwreck on the Pirate Islands	Geronimo Stilton	Scholastic	Geronimo Stilton
822	The Christmas Toy Factory	Geronimo Stilton	Scholastic	Geronimo Stilton
823	The Mona Mousa Code	Geronimo Stilton	Scholastic	Geronimo Stilton
824	The Phantom of the Subway	Geronimo Stilton	Scholastic	Geronimo Stilton
825	The Temple of the Ruby of Fire	Geronimo Stilton	Scholastic	Geronimo Stilton
826	Valentine's Day Disaster	Geronimo Stilton	Scholastic	Geronimo Stilton
827	CHERRIES AND CHERRY PITS	VeraB.Williams	Scholastic	
828	Geronimo Stilton, Secret Agent	Geronimo Stilton	Scholastic	Geronimo Stilton
829	Lyle Finds His Mother	BernardWaber	Houghton Mifflin	
830	Red Pizzas for a Blue Count!	Geronimo Stilton	Scholastic	Geronimo Stilton

NO.	TITLE	Author	Publisher	Series
831	The Search for Sunken Treasure	Geronimo Stilton	Scholastic	Geronimo Stilton
832	I Can Hear the Sun	Patricia Polacco	Puffin Books	
833	Lost Treasure of the Emerald Eye	Geronimo Stilton	Scholastic	Geronimo Stilton
834	Tell A Lie And Your Butt Will Grow	Dan Greenburg	Grosset & Dunlap	TheZackFiles
835	The Curse of the Cheese Pyramid	Geronimo Stilton	Scholastic	Geronimo Stilton
836	The Mummy with No Name	Geronimo Stilton	Scholastic	Geronimo Stilton
837	Attack of the Bandit Cats	Geronimo Stilton	Scholastic	Geronimo Stilton
838	Down and Out Down Under	Geronimo Stilton	Scholastic	Geronimo Stilton
839	Geronimo's Valentine	Geronimo Stilton	Scholastic	Geronimo Stilton
840	Singing Sensation	Geronimo Stilton	Scholastic	Geronimo Stilton
841	The Gold Miner's Daughter-A Melodramatic Fairy Tale	JackieMimsHopkins	Peachtree	
842	The Mouse Island Marathon	Geronimo Stilton	Scholastic	Geronimo Stilton
843	The Mysterious Cheese Thief	Geronimo Stilton	Scholastic	Geronimo Stilton
844	UNCLE JED'S BARBERSHOP	MargareeKingMitchell	Scholastic	
845	Wedding Crasher	Geronimo Stilton	Scholastic	Geronimo Stilton
846	AGhostNamedWanda	Dan Greenburg	Grosset & Dunlap	TheZackFiles
847	TALES OF THE CATWINGS	Ursula K. Le Guin	Orchard Books	
848	BAREFOOT-Escape on the Underground Railroad	Pamela Duncan Edwards	HarperCollins	
849	George's Marvelous Medicine	Roald Dahl	Puffin Books	Roald Dahl 2007
850	The Race Across America	Geronimo Stilton	Scholastic	Geronimo Stilton
851	When Lightning Comes in a Jar	Patricia Polacco	Puffin Books	
852	Fantastic Mr. Fox	Roald Dahl	Puffin Books	Roald Dahl 2007
853	SADAKO and the Thousand Paper Cranes	Eleanor Coerr	Puffin Books	
854	THE GIRL WHO LOVED WILD HORSES	Paul Goble	Scholastic	
855	Valley of the Giant Skeletons	Geronimo Stilton	Scholastic	Geronimo Stilton
856	A Very Merry Christmas	Geronimo Stilton	Scholastic	Geronimo Stilton
857	CATWINGS RETURN	UrsulaLeGuin	Scholastic	
858	Mufaro's Beautiful Daughters	JohnSteptoe	Scholastic	
859	Phoebe the Spy	JudithBerryGriffin	Scholastic	
860	Magic Ballerina Dephie and The Magic Spell	Darcey Bussell	HarperCollins	Magic Ballerina
861	Esio Trot	Roald Dahl	Puffin Books	Roald Dahl 2007
862	SNOWFLAKE BENTLEY	JacqulineBriggsMartin	Houghton Mifflin	

NO.	TITLE	Author	Publisher	Series
863	Franny K. Stein The Fran That Time Forgot	Jim Benton	Simon & Schuster	Franny K. Stein_ Mad Scientist
864	Franny K. Stein Attack of the 50-Ft. Cupid	Jim Benton	Simon & Schuster	Franny K. Stein_ Mad Scientist
865	AMOS & BORIS	WilliamSteig	Scholastic	
866	The Bake Shop Ghost	JacqulineK.Ogburn	Houghton Mifflin	
867	THE CHOCOLATE TOUCH	Patrick Skene Catling	Yearling	
868	The Family Under the Bridge	Natalie Savage Carlson	HarperTrophy	
869	THE FOOL OF THE WORLD AND THE FLYING SHIP	RetoldbyArthurRansome	A Sunburst Book	
870	Franny K. Stein Frantastic Voyage	Jim Benton	Simon & Schuster	Franny K. Stein_ Mad Scientist
871	James and the Giant Peach	Roald Dahl	Puffin Books	Roald Dahl 2007
872	Franny K. Stein The Fran With Four Brains	Jim Benton	Simon & Schuster	Franny K. Stein_ Mad Scientist
873	Magic Ballerina Rosa and Three Wishes	Darcey Bussell	HarperCollins	Magic Ballerina
874	Franny K. Stein Lunch Walks Among Us	Jim Benton	Simon & Schuster	Franny K. Stein_ Mad Scientist
875	Geronimo and the Gold Medal Mystery	Geronimo Stilton	Scholastic	Geronimo Stilton
876	Magic Ballerina Holly and the Dancing Cat	Darcey Bussell	HarperCollins	Magic Ballerina
877	Magic Ballerina Rosa and the Golden Bird	Darcey Bussell	HarperCollins	Magic Ballerina
878	Franny K. Stein The Invisible Fran	Jim Benton	Simon & Schuster	Franny K. Stein_ Mad Scientist
879	Pippi Longstocking	Astrid Lindgren	Scholastic	
880	Franny K. Stein The Frandidate	Jim Benton	Simon & Schuster	Franny K. Stein_ Mad Scientist
881	Magic Ballerina Holly and the Rose Garden	Darcey Bussell	HarperCollins	Magic Ballerina
882	THE SECRET KNOWLEDGE OF GROWN-UPS	DavidWisniewski	HarperCollins	
883	RAMONA QUIMBY, AGE 8	Beverly Cleary	Scholastic	
884	DESTINATION JUPITER	SeymourSimon	HarperTrophy	
885	Why don't you get a horse, SAM ADAMS?	Jean Fritz	Penguin Books	
886	We're Riding on a Caravan	Laune Krebs	Barefoot Books	
887	Will you sign here, John Hancock?	Jean Fritz	Puffin Books	
888	Magic Ballerina Holly and the Ice Palace	Darcey Bussell	HarperCollins	Magic Ballerina
889	Magic Ballerina Holly and the Land of Sweets	Darcey Bussell	HarperCollins	Magic Ballerina
890	Balto and the Great Race	Elizabeth Cody Kimmel	Random House	STEPPING STONES
891	HERBIE JONES and Hamburgerhead	Suzy Kline	Puffin Books	

NO.	TITLE	Author	Publisher	Series
892	Skellig	David Almond	Yearling	
893	Song of the Trees	Mildred D. Taylor	Puffin Books	
894	Because of Winn-Dixie	DiCamillo, Kate	Candlewick Press	
895	HUNDRED PENNY BOX	Sharon Mathis	Scholastic	
896	The Courage of Sarah Noble	Alice Dalgliesh	Aladdin Paperbacks	
897	The War with Grandpa	Robert K. Smith	Yearling	
898	The Lemonade War (The Lemonade War Series)	Jacqueline Davies	Sandpiper	
899	A Fine White Dust	White, E.B.	Aladdin Paperbacks	
900	Stargirl	Spinelli, Jerry	Laurel-Leaf	
901	Who Was Elvis Presley?	GeoffEdgers	Grosset & Dunlap	Who was
902	Feathers	Woodson, Jacqueline	Puffin Books	
903	Pictures of Hollis Woods	Giff, Patricia Reilly	Yearling	
904	THE INDIAN IN THE CUPBOARD	Lynne Banks	Scholastic	
905	Who Was Anne Frank?	AnnAbramson	Grosset & Dunlap	Who was
906	Who Was Leonardo da Vinci?	RobertaEdwards	Grosset & Dunlap	Who was
907	The Seven Chinese Brothers	Margaret Mahy	Scholastic	
908	Little House in the Big Woods	Laura Ingalls Wilder	Scholastic	
909	Who Was Walt Disney?	WhitneyStewart	Grosset & Dunlap	Who was
910	If you lived at the time of the Great San Francisco Earthquake	Ellen Levine	Scholastic	
911	RAMONA AND HER FATHER	Beverly Clearly	Scholastic	
912	The Escape of the Deadly Dinosaur:USA	Elizabeth Singer Hunt	Weinstein Books	SECRET AGENT JACK STALWART
913	Who Was Marco Polo?	Joan Holub	Grosset & Dunlap	Who was
914	Who Was Martin Luther King, Jr.?	BonnieBader	Grosset & Dunlap	Who was
915	The Deadly Race to Space: Russia	Elizabeth Singer Hunt	Weinstein Books	SECRET AGENT JACK STALWART
916	Who Was Thomas Alva Edison?	MargaretFrith	Grosset & Dunlap	Who was
917	Who Was Wolfgang Amadeus Mozart?	YonaZeldisMcDonough	Grosset & Dunlap	Who was
918	The Pursuit of the Ivory Poachers: Kenya	Elizabeth Singer Hunt	Weinstein Books	SECRET AGENT JACK STALWART
919	Peril at the Grand Prix: Italy	Elizabeth Singer Hunt	Weinstein Books	SECRET AGENT JACK STALWART
920	The Secret of the Sacred Temple: Cambodia	Elizabeth Singer Hunt	Weinstein Books	SECRET AGENT JACK STALWART
921	The Warriors	Joseph Bruchac	Carolrhoda Books	
922	The Caper of the Crown Jewels: England	Elizabeth Singer Hunt	Weinstein Books	SECRET AGENT JACK STALWART
923	The Mystery of the Mona LIsa: France	Elizabeth Singer Hunt	Weinstein Books	SECRET AGENT JACK STALWART

NO.	TITLE	Author	Publisher	Series
924	The Puzzle of the Missing Panda: China	Elizabeth Singer Hunt	Weinstein Books	SECRET AGENT JACK STALWART
925	The Quest for Aztec Gold:Mex	Elizabeth Singer Hunt	Weinstein Books	SECRET AGENT JACK STALWART
926	The Search for the Sunken Treasure: Australia	Elizabeth Singer Hunt	Weinstein Books	SECRET AGENT JACK STALWART
927	Where was Patrick Henry On the 29th of May?	Jean Fritz	Scholastic	
928	The Present	Spencer Johnson	Doubleday	
929	The White Stag	Kate Seredy	Puffin Books	
930	Leonardo da Vinci	Diane Stanley	HarperTrophy	
931	Fudge-a-Mania	Judy Blume	Puffin Books	
932	The Not-So-Jolly Roger	Jon Scieszka	Puffin Books	
933	JUSTIN and the BEST BISCUITS IN THE WORLD	Mildred Pitts	Scholastic	
934	The Kid in the Red Jacket	Barbara Park	Random House	
935	The Monster's Ring	BruceCoville	Harcourt, Inc.	
936	26 Fairmount Avenue	Tomie dePaola	Puffin Books	
937	One Morning in Maine	Robert McCloskey	Puffin Books	
938	THE WISH GIVER	Bill Brittain	HarperTrophy	
939	The Bell Bandit (The Lemonade War Series)	Jacqueline Davies	Sandpiper	
940	Things Not Seen	Andrew Clements	Puffin Books	
941	kira-kira	Kadohata, Cynthia	Aladdin Paperbacks	
942	Things Hoped For	Andrew Clements	Puffin Books	
943	The Candy Smash (The Lemonade War Series)	Jacqueline Davies	Sandpiper	
944	Flour Babies	Anne Fine	Puffin Books	
945	JULIET DOVE QUEEN OF LOVE	BruceCoville	Harcourt, Inc.	
946	No Talking	AndrewClements	Simon&Schuster	
947	Kampung Boy	Lat	First Second	
948	The Mouse and the Motorcycle	Beverly Clearly	Scholastic	
949	Figgs & Phantoms	Ellen Raskin	Puffin Books	
950	Volcano: The Eruption and Healing of Mount St. Helens	Patricia Lauber	Aladdin Paperbacks	
951	The Circuit	Francisco Jimenez	New Mexico	
952	The Folk Keeper	Franny Billingsley	Atheneum Books for Young Readers	
953	Zora and Me	Victoria Bond & T. R. Simon	Candlewick Press	
954	THE HUNDRED DRESSES	Eleanor Estes	Scholastic	
955	The Janitor's Boy	AndrewClements	Simon&Schuster	
956	The Trolls	Polly Horvath	Square Fish	
957	Babe The Gallant Pig	Dick King-Smith	Yearling	
958	Racing the Past	Sis Deans	Puffin Books	
959	Shakespeare: His Work and His World	Michael Rosen	Candlewick Press	

NO.	TITLE	Author	Publisher	Series
960	Lincoln: A Photobiography	Russel Freedman	Clarion Books	
961	Sideways Stories From Wayside School	LouisSachar	Bloomsbury Children's Books	
962	otherwise known as sheila the great (Judy Blume)	Judy Blume	Puffin Books	
963	Judy Moody Goes to College	MeganMcDonald	WalkerBooks	
964	Doing Time Online	Jan Siebold	Albert Whitman & Company	
965	BUNNICULA(A Rabbit-Tale of Mystery)	Deborah & Jam Howe	Scholastic	
966	CHOCOLATE FEVER	Robert Smith	Yearling	
967	The Well	Mildred D. Taylor	Dial Books for Young Readers	
968	Charlotte's Web	E.B. White	Scholastic	
969	The Twits	Roald Dahl	Puffin Books	Roald Dahl 2007
970	IN THE YEAR OF THE BOAR AND JACKIE ROBINSON	Bette Bao Lord	Scholastic	
971	Lily's Crossing	Patricia Reilly Giff	Yearling	
972	WHEN MY NAME WAS KEOKO	Linda Sue Park	Yearling	
973	Olive's Ocean	Kevin Henkes	Greenwillow Books	
974	The Giraffe and the Pelly and Me	Roald Dahl	Puffin Books	Roald Dahl 2007
975	Joey Pigza Loses Control	Gantos, Jack	HarperCollins	
976	Miracles on Maple Hill	Sorensen, Virginia	Harcourt, Inc.	
977	THE REPORT CARD	Andrew Clements	Aladdin Paperbacks	
978	The Trumpet of the Swan	White, E.B.	HarperCollins	
979	WALK TWO MOONS	Sharon Creech	HarperCollins	
980	Where the Red Fern Grows	Rawls, Wilson	Laurel-Leaf	
981	Diary of a Wimpy Kid: Dog Days	Jeff Kinney	Amulet Books	
982	The Big Wave	Pearl S. Buck	HarperTrophy	
983	Where the Lilies Bloom	Vera Cleaver	HarperTrophy	
984	Jip His Story	Katherine Paterson	Puffin Books	
985	Frindle	Andrew Clements	Aladdin Paperbacks	
986	The Master Puppeteer	Katherine Paterson	HarperTrophy	
987	What Jamie Saw	Carolyn Coman	Puffin Books	
988	Tuesdays with Morrie	Mitch Albom	Anchor Books	
989	Jonathan Livingston Seagull	Richard Bach	Scribner	
990	Along Came a Dog	Meindert DeJong	HarperTrophy	
991	THIMBLE SUMMER	Elizabeth Enright	Yearling	
992	Miss Spitfire	Sarah Miller	Atheneum Books for Young Readers	
993	The Double Life of Pocahontas	Jean Fritz	Puffin Books	
994	Orphan Train Rider	Andrea Warren	Houghton Mifflin	
995	King of Shadows	Susan Cooper	McElderry Books	
996	The Trap (fiction)	John Smelcer	Square Fish	

NO.	TITLE	Author	Publisher	Series
997	Blue Willow	Doris Gates	Puffin Books	
998	Return to Hawk's Hill	Allan W. Eckert	Little,Brown and Company	
999	Burp!	Diane Swanson	Kids Can Press	
1000	The Wright Brothers: How They Invented the Airplane	Russel Freedman	Holiday House	

미국 학년		Lexile Text book Reading Level	Guided Reading Levels
유치원			A
			B
	1.0 1.5	200-300	C
			D
			E
			F
			G
			H
			I
초등학교	2.0 2.5	350-500	J
			K
			L
			M
	2.0 2.5	500-750	N
			O
			P
	4.0 4.5	620-910	Q
			R
			S
	5.0 5.5	730-960	T
			U
			V
	6.0 6.5	800-1030	

1. 미국 학년에서 0.5단위는 한 학기를 의미한다. 그러므로 1.0은 1학년 1학기, 1.5는 1학년 2학기를 말한다.
2. Lexile Score는 100단위로 0에서 2000까지의 범위를 가지고 있으며, 0은 매우 쉬운 수준을, 2000은 대학원 수준을 의미한다.
3. GRL은 알파벳 순서가 뒤로 갈수록 고학년 수준의 어려운 책이다.

1판 1쇄 발행 2017년 11월 18일
1판 2쇄 발행 2018년 6월 30일

지 은 이 **신규철**
발 행 인 **김진수**
발 행 처 **한국문화사**
등   록 1991년 11월 9일 제2-1276호
주   소 서울특별시 성동구 광나루로 130 서울숲 IT캐슬 1310호
전   화 02-464-7708
전   송 02-499-0846
이 메 일 hkm7708@hanmail.net
홈페이지 www.hankookmunhwasa.co.kr

ISBN 978-89-6817-555-8   03740

이 도서의 국립중앙도서관 출판예정도서목록(CIP)은 서지정보유통지원시스템 홈페이지(http://seoji.nl.go.kr)와
국가자료공동목록시스템(http://www.nl.go.kr/kolisnet)에서 이용하실 수 있습니다.
(CIP제어번호 : CIP2017029489)